立于不败的本事

曾仕强 著

北京联合出版公司
Beijing United Publishing Co.,Ltd.

果麦文化 出品

目 录

前言

担任管理者并不是那么容易的事。就算是祖先遗留下来的位置，事实上也需要经过一番奋斗，不可能凭空坐享其成。

我们常说创业维艰，而守成也实在不易。无论是创业时期还是守成时期的管理者，都各有其难处，并非局外人所能够理解的。因此有人说，是好几世累积下来的福分，才有这么好的机会担任管理者；也有人说，这是积欠了好几世的债务，这一次必须努力偿还。想来各有道理，很难判断孰是孰非。不过，我深信，经过用心的学习、细心的调整，以及好心的判断，各位管理者都可以成为享福的管理者，而不是还债的苦命人。就算原来真的是还债的，也不需要经由什么改运、花钱消灾、长期膜拜，不断参与相关修炼活动，只要用心，也能够彻底转化自己的身份，变成享受福分的管理者。

管理者的用心，说起来也很简单，就是建立自己的信心，将《易经》所说的道理用在经营、管理上，便能收到成效。

《易经》的道理，固然十分古老。然而事实证明，科学愈发达，大家愈发现《易经》的道理不但真实，而且可以信靠。如果科学愈发达，愈证明《易经》所说的道理有问题，或者不符合现代的需求，那么，《易经》很可能已经为众人所遗弃，不再有人那样热心地研读了。

大家用《易经》来占卜、算命、看风水，不过只是小用；真正的大用——用《易经》的道理进行经营管理，反而被忽略了。用《易经》的道理进行经营管理，能够有效地改变自己的命运，提高经营的绩效，增加管理的效益，对大家都有好处。把《易经》的道理应用在经营管理方面，使其成为管理者修己安人的依据，也是改变命运的法宝。

相信大部分管理者都已经在依据《易经》的道理行事，或者不知道自己的所作所为已经暗合易理。因为长久以来，我们已经把深奥无比的易理，简化成很多广泛流传的俚语，在日常生活中潜移默化地影响着我们。可以说无论读不读

《易经》、懂不懂易理，有没有接触这一本时历三古（上古、中古、下古）、经由三圣（伏羲、周文王、孔子）整理出来的人类奇书，运用《易经》的道理都已经到了十分自然的程度。

什么叫作自然？不知其所以然，却能够在言行上表现出来。这种不知其然而然，才叫作自然。

自然表现出来，就称为率真。因为《易经》所说的道理，原本是宇宙之间早已存在的事实。我们是宇宙的一部分，只要率真，不作假，不存心变花样，大多合乎易理。

管理者的细心，最好表现在“不要立即做出反应”。凡是听到的或者看见的，不经过大脑思考，马上接受或拒绝，便是不够细心。是不是应该想一想，经过反复地思考，甚至尝试一下，看看是否合理？至少也要动动脑筋，看看怎样用在实际的言行上，才不致引起反弹或抗拒？

管理者要做出任何改变，都必须预先想好步骤，考虑可能出现的反应。然后按部就班，逐渐加以调整，以期事缓则圆，取得圆满的效果。

调整的结果，管理者都要以好心的标准加以判断。好心就是我们常说的良心，也就是合乎天理的心态。所以俗称

“天良”，其实便是良心。

摆在管理者面前的，说起来有两件事：一是回顾，二是前瞻。回头看从前，看到经历过的种种艰难；向前看未来，是不是一片光明呢？

未来是不是光明，取决于我们的目标是不是光明正大。管理者以仁义为目标，自然凭良心判断、调整的结果，产生良好的成效。

管理者的仁义，必须安放在自己的心中，而不是向外求取。孟子说过：“由仁义行，非行仁义。”管理者最好以仁义作为判断的标准，而不是向外标榜仁义，或者用仁义来包装自己的言行。

期望管理者能够厘清自己的经营理念，立定“替天行道”的志愿，分清楚应该做的和不应该做的，以求立于不败之地。我更期待管理者能够成为仁义的管理者，而不仅仅是有权威、能赚钱的企业英雄。

第1章

天人合一，是管理的最高境界

以天道为准则

管理者是“天”，员工是“人”

中国哲学有一种特异的主张，叫作“天人合一”。就人的形体来说，本身极为渺小，在广大的宇宙中实在无足轻重。但是从人的性质来看，则具有特殊的优越性，超乎万物之上。管理者在组织之中，同样是“形体孤单渺小，而性质卓越有力”。论人数，管理者比不上员工；论影响力，管理者却远大于全体员工。

天人合一理论认为天人并非对立，彼此应该相通，求其协调。这并不是片面否定天人之间的矛盾，而是承认其间确有矛盾存在，不过不可以用冲突来克服，最好用和谐来化解。管理者和员工当然不能对立，否则难免产生冲突。虽然说冲突也可能解决若干问题，但是伴随而来的心理不安，终究会造成更大的伤害。管理者和员工之间难免存有某些矛盾，必须诚意化解，才能够真正地合一。

“天”的含义很多，最重要的是“人伦道德”。天是人伦道德的本源，人的道德观念源出于天。管理者不可能在工作方面“以身作则”，因为现代知识爆发，专业技术日新月异，管理者实在没有把握在这些方面做员工的表率。然而，管理者必须在道德操守方面以身作则，做员工的榜样。管理者必须以良心来感应员工的良心，这样才能达成天人合一。

天人合一的主要表现在于“和谐”。和谐正是一种道德的表现，其最重要的价值，在使人内心愉快，觉得充实而满足。管理上常常要求大家重视“员工满足感”，而和谐就是最佳的途径。

管理者最喜欢的主张，莫过于“家和万事兴”。但是管理者只是嘴巴上讲这一句话，实际上很不容易收到预期的效果。管理者最好用心体会，怎样才能够发挥“家和万事兴”的实力，使组织在和谐的气氛中生生不息。

首先要体会和认知自己“形体渺小，性质卓越”的现状，然后勉励自己要遵循天道，一切做到内外和顺。因此领悟到：必须在组织内扮演“天”的角色，这样所有员工才能够好好做“人”，共同在和谐中追求“天人合一”。

管理者是“天”，员工是“人”，彼此合为一体，同心协力，产生协同一致的力量，这便是天人合一的具体表现。古代皇帝自称“天子”，现代管理者扮演天的角色，固然有异曲同工之妙，两者在替天行道的使命上十分相似，但实际行为却有着很大的不同，这是现代管理者在心态上必须妥善自行调整的地方。他们有古代皇帝的责任，却不能有相同的心态。所以职责相同，而态度、行为则十分不一样。

“替天行道”的方法

自古以来，无论是仁人志士，还是英雄豪杰，都喜欢替天行道。现代管理者，当然更应该替天行道，扶正祛邪，用实力来回馈社会。英雄豪杰或仁人志士的行道方式，固然有所差异，而所行的皆为天道，则是彼此一致的。

天道究竟代表什么？孔子说：“天何言哉？四时行焉，百物生焉。”天的最大特色在于什么话也不用讲，却能够实际上完成“四时行焉，百物生焉”的任务。

“行”和“生”的观念，十分重要。“行”对中国人来说，尤其令人关切。我们常常问别人：“你行不行？”生而不行，当然不如生而行。

孔子的意思是，世界的可爱处，在于生生不息，而且一切都不停止。管理者替天行道，第一要明白“经营企业，目的在使员工活下去，而且活得很体面”。我当管理者，负责这么多人的生计，如何让大家活得有意义、有价值，乃是我的最大责任。

这并不表示管理者绝对不可以开除员工，只是上天有好生之德，不到万不得已，不会置人于死地。管理者首先要用救人的心理来感应员工，仁至义尽之后，如果实在没有办法，那也只好像诸葛亮那样“挥泪斩马谡”了！

天道为诚，孟子说：“诚者天之道也。”管理者照顾员工，千万不可抱着“施恩”的心理。天虽然尽力做到“四时行焉，百物生焉”，却从来没有向人类讨过人情，所以大家时时心存感激，“谢谢老天的保佑”。

管理者开口向员工夸耀自己的功劳，员工就会产生反感："如果不是我们替你赚钱，凭你一个人，能赚到这么多钱？"这种心态固然不对，然而往往是管理者迫使他们这样想的。管理者如果心存施恩，已经不诚，违反天之道，难怪员工心里也会反常，产生这样的反感。

荀子说："天行有常。"自然变化有其常规，形成天道。管理者不可以不变化，否则不足以因应内外环境的变数；管理者也不可以没有原则，否则大家根本无所遵循，势必停滞不前，导致良机尽失。管理者必须把自己这一套"有原则地应变而不穷"的观念，清楚地让员工了解，才能够化解矛盾，达到天人合一。

天人合一，并不是高高在上的天真的能够和地面上的人合为一体。天人在人体之外合一，根本不可能。天人合一，应该发生在人体里面。换句话说，管理者的心中有员工的存在，而员工的心中也有管理者的存在；管理者和员工，能够在心理上产生良好的互动，形成有效的感应，便叫作天人合一。在心中合一，不但简易，而且方便。

管理者要扮演好“天”的角色

天最可赞美处，在“公而无私”。中国人喜欢尊称“天公”，实在含有“天是公正无私”的意思。天公、天公，天既然是“公”的，就不可以偏爱任何人。天对每一个人都是公正的。任何人埋怨天，都不会产生什么效果。事实上，唯有愚昧的人才会怨天。

管理者要扮演好“天”的角色，必须大公无私。至少要做到下述三点：

第一，认为所有员工都是好人，没有一个坏人。

在管理者的心目中，应该认为组织内的每一个人，都有其长处，都有其贡献。管理者应该有信心，坏人并不存在于自己的组织内。至于谁好谁坏，不应该由管理者自己来分，应该由部门主管来判定，然后管理者才可能以公正的立场，来评估各部门主管是否公正无私。我们很容易了解，凡是由管理者亲自评定谁好谁坏的，结果没有人愿意表达意见，反而很难在讨论中获得比较正确的判断。

第二，最好用脸色来调整。

天何言哉？天最大的本领，便是风云变幻。天的脸色一变，人马上提高警觉，不敢掉以轻心。管理者善于用脸色来表达自己的感觉，员工自然善于体会。管理者平时脸色要柔和些，一副阳光普照的样子，才具有众人欢迎的亲和力。一旦有事，脸色难看些，犹如乌云密布，俨然风云即将变色，大家就会警觉地自动调整。既不伤害面子，又能起到立即改过的功效。

第三，千万不要说公平。

天公是天公，只能保证大公无私，却无法保证一切公平。因为机会未必均等，结果自然不公平。凡是管理者嘴巴说“公平”，员工心中就会暗笑“根本不公平”，徒然增加不平的埋怨。公正未必公平，最好的用处，在于让得不到的人仍然保有面子，因此用不着恼羞成怒，减少许多不必要的阻力。

立公心的意思，便是去除私心。管理者的主要任务，在做成决策。经过我们长期观察后发现，管理者虽然扮演

"天"的角色，却由于毕竟是人而不是神，再高明也难免有错。管理者决策错误的时候，员工最在意的是"为什么造成这样的失误"。如果是基于公的立场来考虑，才造成如此这般的差错，大家通常比较容易谅解；一旦发现这样的错误起因于管理者的私心，那就会群情愤慨，很难平息。

关键在于领悟"善变"

天道善于变化

天的特色，在于时常有变化。报告气象最可靠的用语，莫过于"晴，时多云，偶雨"。管理者遵循天道，必须把握"天道善变"的道理，适时做出有效的变化。

常听见一些员工抱怨自己的管理者："一天变三次，早晚有不同的决定。"抱怨的人错了，其实管理者并没有错。请看天气的变化，是不是早晚温差很大，而且一日之中，也有不同的气温呢？天道善变，四时才能行焉，百物才能生焉。管理者善变，才能掌握市场，公司才有希望。

我国先哲相当明白“变化是宇宙生生不息的过程”，因此一致承认变化的重要性，孔子说：“逝者如斯夫，不舍昼夜。”便是把宇宙看成一条变易不息的大流，证明世间万事万物都在变化之中。从这个角度来看，中国人是最善变的，丝毫都不保守。有些人喜欢用“保守”来论断中国人，并且用“求新求变”来鼓励中国人，实在是不了解中国人善变的一面。中国人喜欢自己变化，也希望他人配合自己的变化。一旦不能配合，便责怪他人乱变，变得乱掉章法，这才是我们真正的问题所在。

天气变化时，我们采取什么态度？抗拒，吃亏的必然是自己。变冷了，不添加衣服，会感冒；变热了，不脱掉衣服，同样很难过。我们多半会适应，随天气的变化来改变自己的穿着，随时加减衣物。

管理者的敏感度通常比较高，对于市场的变化比较了解。为了适应企业内外环境的变化，必须善变。唯有适时应变，企业才能生生不息。既然如此，员工对于管理者的善变，就不能盲目抗拒，而应该像适应天气的变化那样，好好地适应。

庄子说“无动而不变，无时而不移”，一切都不固定，时时都在转移。我们不但不可以抱怨管理者善变，反而应该心存感激：“好在管理者知道变化的道理！”因为唯有如此，大家追随管理者，才有更光明的未来。

变化之中必有常道

然而，管理者不可以乱变。如果变到员工无所适从，公司就会蒙受其害，甚至解体。中国人的高明，表现在“变化是有条理”的。非但不紊乱，而且有其常则。汉朝董仲舒说：“天之道，有序而时，有度而节，变而有常。”变而有常，表示变化是有规律的。

管理者变来变去，要变得有道理，大家自然心服。如果变得毫无道理，也就是变得偏离常则，大家心存疑惧，必然影响士气。

究竟是“有变而后有常”，还是“有常而后有变”呢？清朝戴东原说：“生生者化之原，生生而条理者化之流。”生生是源，条理则是流。先有生生而后有条理，并非先有条理而后才有生生。有变而后有常，管理者只知道变来变去，不能归纳出自己变化的规律，就是功力不够的明证，必然要更加努力，了解自己之所以如此变化的道理，据以向员工说明，自然更加容易获得大家的支持与信服。

但是戴东原又说："条理苟失，则生生之道绝。"如果没有条理地乱变，那么发展到某一阶段，就会停止，甚至于灭绝。可见常则十分重要，不能忽视。中国人重视常道，以致被看成"保守"。真正了解中国道理的中国人，应该"重视常道而随机应变"，但不能"保守"。

重视常道叫作"持经"，随机应变叫作"达权"。中国人主张"持经达权"，既不可以"有经无权"地死守规矩，也不可以"有权无经"地乱变。"持经"指"有所不变"，"达权"即"有所变"，合起来便是"有所变有所不变"，成为中国人为人处世最难拿捏的一种分寸。

难固然是事实，却是十分必要的。因此不可心存畏惧而放弃，应该勉励自己，无论如何，要把"持经达权"做得恰到好处，才能使自己长久立于不败之地。

管理者要依据常道而变化

“有所变有所不变”就是对“持经达权”的运用，最好分成两段来看：“有所变”是“作用”，“有所不变”才是“根本”。一个人只有站在“有所不变”的根本立场，然后谨慎考察相关因素，审慎研判如何“有所变”，才能使变化的作用发挥良好的效果。

管理者效法天道的变化，必须做到王弼所说的“传之有宗，会之有元”，才能够“繁而不乱，众而不惑”。王弼指出“宇宙万物的变动，并没有妄然的，都是由于理而不得不如此”，就算天气变化无常，却也有其一定的规律，否则人再善于适应，也将无所适从了。管理者变化的常道，归纳起来，主要有以下三项：

第一，凡事先想“有所不变”，不可先想“有所变”。

一味希望有所变，就是为变而变，弄得不可以变的也要变，那就成了乱变。站在有所不变的出发点，先想“不变可不可以”，如果不变很好，为什么要变？一旦发觉“不变不行”，那就放心地有所变，当然不至于乱变。心存“不要变，不要变”，然后“要变”，往往能够变得恰到好处。心存“要变，要变”，马上“要变”，常常变得莫名其妙，不知道为何而变。

第二，不可高呼“求新求变”。

“变”是高阶的事，不是基层的主要工作。基层求新求变，必然苦于自身能力不足，困于自己视野不广，使得高阶叫苦连天。天变地不变，人才能生存。高阶求新求变，基层切实执行而不自己求新求变，所有命令才能贯彻到底。

第三，常常调整以求渐变，不能屡屡突变。

渐渐转变，大家才能调整步伐来配合。时常突变，大家就会措手不及，无所适从。天气突然奇寒，冻死很多人；天气突然酷暑，也会热死很多人。管理者变到大家无法因应，变是变了，效果不如预期的好，这是常见的事。

组织的阶层，大致分起来，可以有三种不同的组合，一般的说法是高阶、中坚和基层。变是高阶主管的重要职责，他不能为了维护自己的既得利益而不变，也不可以因害怕遭受基层员工的抗拒而不敢改变。但是变的时候，必须遵循天道变化的常则，不应该随着自己的喜爱或利益而妄加变动。管理者扮演“天”的角色，更应该在这方面以身作则，力求变得合理而有效。

要培养前瞻力

中国人喜欢顺天

自古以来，领导群众的人，都以“顺天应人”做号召，使大家觉得依顺天理而且应合人心。任何行业，可能出现名为“顺天堂”的招牌，不可能出现名为“逆天堂”的招牌。

中国人喜欢顺天，表现在“依照管理者所定的方向进行企划”“按照管理者的意思去执行”，并且“遵循管理者的标准去评估、考核”。只要管理者像天那般，不明言却合于天理，大家就会用心体会和认知，从“无”中看出“有”来。

管理者是“人”，不是“天”。但是，既然要扮演“天”

的角色，就必须比大家更加具有“天威”。天威就是“上天的威严”，使人不敢不畏服。

天威莫测，形容天不但善变，而且具有无比的威力。中国传统观念认为，天是人事的最后决定者，一切人事皆受天的支配，所以孔子说：“一个人如果获罪于天，到什么地方祈祷都不灵！”

管理者是“天”，部门主管为“神”。员工有所期求，通常会向“神”祈祷，但是部门主管敢不敢帮忙，必定先看一看管理者的脸色，亦即“神”要依“天”意处理。员工得罪了管理者，无论找哪一位部门主管，结果都不灵。

孔子不主张谈论鬼神，他所说的“天”，是指“高高在上的苍天”，并无具体人格，却是自然界生成一切、统治一切的最高主宰。

天是不是真的主宰？要看大家是不是敬畏和顺从天，《尚书》里说“天视自我民视，天听自我民听”，意思即“天意乃以民意为依归”。既然“天的察看，是以百姓的眼睛来察看，天的听闻，是从百姓的耳朵来听闻”，那么管理者体察员工的心愿，顺应员工的需求，所做的决策，便具有如

"天"那般的"威"力了。

管理者有天威，同仁自然敬畏而顺从。天威固然莫测，而大家不能不顺的原因，在于大家心目中认定天以道为法，一切合乎天道。

前瞻力很重要

天的行事如果合道，大家才能安享太平。管理者依据正道而行，同仁才能安居乐业。反过来说，管理者不依正道，做出一些不合乎社会公益的决定，同仁就十分为难。顺从管理者，迟早会造成不良的后果；不顺从管理者，大家也很不好相处。在这种情况下，怎么能够安居乐业呢？

管理者是否合道，表现在他的预测是否准确。天道尚变，管理者需要变来变去，如果预测得准，变来变去都对，大家便会心服。若是管理者经常预测不准，变来变去都不对，大家当然不服气。

市场在变，企业环境在变，同仁的心理也在变，所以管理者不能不变。变得是否合理，大家能不能接受，主要在于是否切合实际需求。所以管理者必须先掌握未来的变化趋势，才能够预先做好准备，随机应变。

同时，管理者心里必须明白：调整变化的措施，不只是平衡短期的好与坏，或者是使变化中的结果符合预期的希望，它更应该注意变化中的受害者，给予合理的补偿，才能够在变动中兼顾事与人，而获得安人的效果。

预测的能力，一种是异禀性，俗称“天眼通”，它是一种能够见到极远、极微东西的法术，又称“千里眼”，用来指称有先见之明的人。另一种则是知识性的，孔子当年断定“像子路这种人，好像难以得到寿终”，实在是因为子路喜欢持力逞勇，至死不悟，毫无神奇可言。

管理者当然不可能个个都具有异禀，何况天眼通究竟真相如何并无确切证据。但是经由知识的充实，以事实为依据，增强自己的前瞻力，应该是一条个个行得通的大道。管理者具有敏锐的前瞻力，可以正确地预测，便能够切实地掌握未来的变化。未雨绸缪，愈变愈对，自然令众人心悦诚服，具备无比的“天威”。

管理者必须培养前瞻力

管理者的威力，系于准确的前瞻力。为了预测未来，管理者必须做到以下三点：

第一，关心变数。

企业内外的变数很多，外在的包括政府的措施，例如奖励投资、经济发展、财政税收，以及环境保护等。近年来工会组织日益发展，劳资关系的变数增多；消费者意识提高，使企业必须重视有关的意见；市场竞争剧烈使经营风险增加，必须多多注意同业以及异业的动态；同时技术发展日益精进，有关设备的投资、更新或废弃更是威胁重重。内在的包括财务结构的调整、新产品的开发、企业管理民主化、成员的进修、分工专职的加强，以及同仁之间的沟通与协调，都存在着许多重要的变数。管理者时时关心企业内外的变数，多方面搜集资料，充分了解，并且常常听取有关人员的意见，能够掌握变数，才能增强前瞻力。

第二，配合定数。

企业环境固然无时无刻不在变，然而万变之中必有其不变的定数。例如：秉持客观的态度以及实事求是的精神来了解情势；依企业整体的发展和基本的使命，以调整当前的政策；力求符合安人的原则，既符合大众的利益，也要尽量为大众所了解；企业经营务求永续，生生不息；注意时机的把握，缓急得宜；任何改变，事先顾及受害者，事后给予合理的补偿等，都是千古不移的定数。同时，管理者以诚恳的态度待人，以公正的心态处事，确立"一切为安人、把事情做好"的不变原则，然后把所有变数拿来推敲配合，就算不能精确地推测出变化的途径，至少也可以准确地估量出可能的动向。世间事情难料，所有预测都不可能百分之百命中，不过能够掌握变数，用以配合定数，预测也是比较准的。

第三，心诚则灵。

这并不牵涉宗教信仰，却专注在"因诚心诚意而建立的信心"。管理者信奉什么宗教，完全是个人的自由，不容他人置评。但是预测是否准确，实际上取决于"对自己的预测是否有信心"。对自己的前瞻力缺乏信心，决策时已经相当动摇，自然难以因应未来的变化，也就无法准确命中目标。管理者必须诚心诚意地预测，才能对自己的前瞻力有充分的信心，决策时才能信心坚定，推行时充分相信必能达成预期的效果。这样一来，成功的机会增加，亦即前瞻力增强了。

崇尚虚静不争

管理者好比种花人

当管理者的人，最好想一想种花人。种花的人，并不能把花拉拔起来，也就是不可能帮助花成长。他所能做的，只是王弼所说的“不禁其性，不塞其源”。

不禁其性，是不禁制花的本性。有些花需要充裕的阳光，种花人就把花移到阳光能照到的地方，使其获得充足的光照；有些花怕太阳的曝晒，种花人就把花移往阴凉的地方。把花移来移去，为的是顺着花的本性，而不是种花人自己的喜恶。种花人如果不顺着花的本性，反而制约或者违反花的本性，花就不能顺利生长，就算勉强生长也长得不好。如果花开不出来，或者开得不好，则是种花人未能善尽照顾的责任，才有以致之。

不塞其源，是不堵塞水的源头。有些花需要较多的水分，种花人就让水开源畅流，使其获得充分的滋润；有些花怕水，或者不需要那么多水分，种花人就减小水源，或者让水分排出得快些，使花得到适当的滋养。种花人若是任性或无意将水的源头堵塞住，水得不到畅流的通路，花得不到合适的水分，就不能生长，甚至很快会枯萎而死。

事实上是花自己在生，自己在长。种花人不制约花的本性，顺着花的本性来照顾花；不堵塞所需的水源，依据花的需要来调节水分，所以花是种花人所种，也是在种花人的关怀与照料之下，顺利地生长与完成开花的使命。种花人不禁其性，不塞其源，合乎花之道，也合乎天之道。反过来禁其性，塞其源，那就不合道了。

管理者也是一样，不能牵着员工的手去工作，不能拖着员工的脚去行动。管理者所能做的，实际上也是“不禁其性，不塞其源”。一切管理措施，要合乎人性，对于员工的需求，也应该尽量合理地给予满足。

员工的行为，是自主的，员工用心不用心，更是自发的。管理者能够管制员工的上班时间，却无法让员工真正地工作。就算员工表面上都在工作，也不能充分发挥潜力。所以管理者只能顺着员工的性，分配合适的工作，尊重员工的需求，提供良好的工作环境。然后员工自己生长，自己工作，这才是合“道”的做法。

管理者如果是种花人，员工便是受到照顾的花。员工愿不愿意尽力而为，或者顶多做做表面工作，敷衍了事，完全是员工自己决定的，任凭管理者怎样费尽心思，也未必能够获得员工的认同。最好的办法是秉持“不禁其性，不塞其源”的道理。不禁其性，就是安排良好的工作环境，使员工到了这一个环境，自然想要工作；不塞其源，可以说是营造良好的工作气氛，员工处在这样的气氛当中，乐于工作。

种花人的道理，依牟宗三先生的分析，“实是经由让开一步，万物自会自己生长、自己完成，这是很高的智慧与修养”。种花人的智慧，表现在“让开一步，不禁性塞源，如此就开出一条生路”。有了这一条生路，万物才得以发生和成长。要实践这种“让开一步”的原理，种花人必须具有“不操纵、不把持”的心态，亦即具备“虚静不争”的修养。

虚静是一种功夫，老子称为“致虚”和“守静”。“致虚”指心智作用的消解，消解到丝毫没有成见，一点也没有心机的地步。“致虚”必须“守静”，透过静的涵养，才能够体会宇宙间往复循环的正常运作，因而不致轻举妄动。致虚守静，主要在于恢复心境的清明。

虚静是一种空明宁静的心理状态，具体的表现，则在“不争”。种花人不和花争，所以抱着空明宁静的心境，让开一步，使花顺利地生长。

种花人若是持有成见，就会按照自己的意思，忽视甚至违反花性，妨碍了花的生长，再来指责花长得不快、长得不好，花当然很不服气。种花人存心和花争，认为自己的观点才是正确的，一切依己意而行，花争不过种花人，只好一死以明志，对种花人而言，又有什么好处？

空明宁静，才能够了无成见地观察花性，明辨水源，使阳光与水分配合得恰到好处。加上种花人不居功、不争权，自然让开一步，使花自由自在而又生机蓬勃地生长。

管理者如何虚静不争

管理者既然要扮演种花人的角色，就应该体会和认知种花的道理，切实做到以下三点：

第一，不要与同仁争。

管理者已经是管理者，无论身份、地位和权势，都在同仁之上，用不着常常把自己和同仁放在同一水平线上，彼此争执。就算争得胜利，事实上也并不见得光彩，因为大家心里有数，仗着管理者的权势，胜利原本是应该的，不值得敬重。万一争输了，面子上挂不住，势必恼羞成怒，更加不好看。管理者要有自知之明，自己是管理者，不必同下属争。这样才能大肚能容，让开一步，放手让下属去表现。因为下属的功劳，实际上都归于管理者——下属的表现，到头来都等于管理者自己的表现，何必同下属争呢？

第二，不可心思浮动。

守静的功夫，其实就是不浮动。管理者若是心思浮动，便不能定。《大学》提到，明白自己的立场，意志才有定向，然后心不妄动，才能所处而安，于是处世自然精详，合理地坚持自己的立场。管理者如果心思浮动，常弄不清楚自己的立场，就会做些不应该做的事情，做不好应该做的事情。现在明白了自己“让开一步”的立场，意志才有定向，要好好寻觅人才、培养主管，然后放手让他们去发挥。有这样明确的定向，便不能为“没有人可用”，或者“他们都不如我”，以及“我这样做乃是不得已的”种种妄念所浮动。心不妄动，才能随遇而安，就算蜀中暂时没大将，廖化照样可以当先锋，好好辅导他，处处协助他，管理者才有比较宽裕的时间和精力，来考虑更为复杂且变化不定的未来。如此，就坚定了自己的立场，亦即贯彻了自己的主张。

第三，**不必虚伪造作**。

虚静的功夫，达到了极致，便不会虚伪造作。管理者有没有诚意，也就是有没有真正地坚持“让开一步”的立场，同仁心里很清楚。一旦让同仁发现管理者并无诚意，只是口头说说，根本放心不下，大家就不敢贸然地放手去做。有些管理者喜欢制造全员参与的假象，表面上一切由大家参与决定，实际上仍旧全凭己意，这种虚伪造作，很快便被大家识破，徒然增加日后推行参与管理的困难，实在得不偿失。管理者的诚意，加上心思不浮动，不与同仁争，才能产生虚静不争的力量。

必须虚怀若谷

管理者最怕无人指点

《庄子·天下》说：天下大乱的时候，圣贤隐晦，道德分歧。于是天下的人，多各执一端而各自夸耀。现代多元化社会，各种学说又各说其是。在这个知识爆炸的时代，管理者希望什么都懂，简直是缘木求鱼，最好的办法乃是有人指点。

孔子入太庙，每事问。孔子是圣人，按理应该无所不知而又无所不能。但是，圣人所知道的是“天理”，至于人制造出来的器物，圣人有时反而不知，这才是事实。孔子请教他人，并非故意表示谦虚，而是他的确有所不知。

牟宗三先生分析楚汉之争中刘邦成功的原因，指出："刘邦最后能成功，就是因为他的心思比较灵活。项羽论打仗有万夫不当之勇，但心思很枯滞，有范增而不能用。刘邦也不清楚，但张良一指点，他马上就明白了，那就不犯错误了。"

刘邦和项羽一样，当局者迷，并不一定全然了解自己的所作所为。项羽虽然神勇，却不能接受他人的指点，以致一路迷下去，到了走投无路的时候，只好埋怨"天亡我也"，充其量不过是一个悲剧性的人物。刘邦就不一样，他能够接受他人的指点，从迷宫中走出来，成就伟业。

三国时期的刘备，更是一个明显的例子。他得到诸葛亮的指点，开创出一番伟大的事业。刘备和诸葛亮的互依互赖，更是千古流传，成为美谈。

管理者不可能，也不必要无所不知、无所不能，相反地，最好承认自己有所不知、有所不能。这样才能够虚怀若谷，请求他人的指点，活用他人的智慧。

虚怀若谷并不是表面上的谦虚，更不可以虚伪造作，应该是真诚地希望他人的指点能够补救自己的不足。管理者虚怀若谷，首先就要虚静不争。能够放弃操纵、把持的心思，真正让开一步，才能够虚心地请教他人，获得他人的指点。

管理者最要紧在知人

管理者希望得到指点，最要紧在知人。从庄子的话，我们明白天下的各种学说，有如耳目鼻口，各有其功能，却不能互相通用。百家众技，都各有所长，也都时有所用，但是不能兼备又无法周遍，所以只是偏于一端的专家。天下的人各尽所欲、各尽其能，结果是自为方术，成为“只知其一，不知其二”的“分裂人”。

在各种分裂人当中，管理者必须具有分辨的能力。刘邦说：运筹策帷帐之中，决胜于千里之外，吾不如子房（张良）。镇国家，扶百姓，给馈饷，不绝粮道，吾不如萧何。连百万之军，战必胜，攻必取，吾不如韩信。正是明白地指出这三位人中豪杰各自的长处。刘邦不但知人，而且让开一步，使他们三人的才能得到充分的发挥，这正是刘邦之所以能够夺取天下、打败不可一世的项羽的原因。促使三位分裂人结合为一个整体，实在是刘邦最大的成就。

孔子入太庙，问的是太庙内的事，请教的对象也是富有经验的专家。对的人，合适的事，是请人指点的先决条件。万一问错了人，又问非其所长，得到不对的指点，岂非更加坏事？请教对的人，又请教合适的事宜，这种功夫本身就值得景仰。

管理者虚怀若谷，先打听一下谁是真正有实力的人，然后仔细了解一下，真相是否与传闻相符合。再请教一些比较容易印证的事宜，试一试效果如何，这才认定他的确具有某一方面的专长，因而就这一方面的事宜，向他请教，期望得到真正有效的指点。

分裂人的缺点，在于强调他所知悉的部分真理，并常常用这部分真理来取代全部真理。财务专家把财务放在一切事务之上，认为财务涵盖了经营管理的全部，因而过分夸大了财务的重要性与功能性；销售专家过分强调销售；生产专家往往肯定生产第一；人事专家又指称人才是一切的根源。类此种种，无不印证了庄子“割裂天地的纯美，离析万物的常理”的“往而不返”的心态。管理者必须小心分辨，就某专长处请教，而又顾虑其他的有关因素，才能统合而汇聚各方的力量，不致以偏概全，走歧路。

虚怀若谷三原则

管理者要做到虚怀若谷，知人而又善于请求指点，必须注意三个原则：

第一，不可令人望而生畏。

项羽失去天下的原因，在人有功就加以杀害，人有才能便起疑心，不肯信任他人。管理者如果口碑欠佳，让人望而生畏，那就无法得到贤人的指点，无从获得真正的高见，纵然虚怀若谷，也将自绝于贤明的高人。

第二，尽量使自己成为通才。

专家是“在少少中知道多多的人”，他们的专长，正是偏于一端的领域。管理者应该以通才自勉，要成为“在多多中知道少少的人”，唯有如此，才能够得见天地的纯美，完整的全体。管理者以“内圣外王”之道来聚集各种专才的卓见，有如高明的人，运用耳目鼻口一般，各自发挥所长，而为人所用。如果自己是专才出身，更应该提醒自己，不要拘泥于一己之见，多方听取别人的见解，以补自己的一偏。同时，尽量拓宽自己的视野，汲取各方面的知识，以增进自己的辨别力与判断力。

第三，拿安人做判断的标准。

各种说法，大概都能够说得头头是道，因为各家各派，无非都在自圆其说。管理者用“安人”做标准，来加以取舍，“安”则取之，“不安”就舍之。安有久安或暂安、众安或寡安、实安或虚安、大安或小安的差异，如果以久安、众安、实安及大安来作为目标，经由暂安、寡安、虚安和小安，亦无不可。道理好不好，方法对不对，要通过当时的情况来加以评估，如果获致安人，便可以接受，若是制造不安，最好加以调整。在安的前提下，予以施行，来得比较妥当。

最好自然无为

无为便是不造作

老子主张无为，主要是反对有为。牟宗三先生认为“有为就是造作，很像英文的 artificial”。任何典章制度，若是只着重它外在的空架子，不过是一种形式，毫无实际作用。老子针对这些造作有为的形式，提出“无为”的观念。提倡无为，便是反对造作，希望我们不造作。但是，无为不能解释为什么都不做。因为什么都不做，并不能达成无为的功能。

无为并非不动。梁启超先生曾经告诫我们，老子所说的“无为无不为”，我们不能只记得上半截“无为”，把下半截“无不为”忘掉，以免铸成大错。他认为，老子的主意是不为什么而什么都做了，并不是说什么都不做。要是说什么都不做，那又何必讲五千言的《道德经》呢？能够无不为，才有资格讲求无为。若是不能够无不为，那就要特别小心，不宜毫无顾虑地一心只求无为。

牟宗三先生进一步指出“讲无为就含着讲自然”，自然便是自由自在、自己如此、无所依靠的意思。一切言论行动，好像行云流水那样自由自在，实在是很高的境界。必须炉火纯青，才能够达到这种地步。

不自然，便不合人性；有造作，就显得虚伪。管理者无所为而为，做到梁启超先生所说的“为劳动而劳动，为生活而生活”，换句话说就是：“不为什么”，只秉持“应该做就做、不应该做便不做”的理念，便是自然无为。

管理者心存“我照顾你，你要好好工作报答我”“我给你金钱，你必须努力工作，以工作成果来偿还”，或者“每做一件事，就要得到利益”，那么，他的所作所为，便不自然，就是造作。凡是造作，都不够自然，谈不上无为。

依老子的看法，人生劳动，应该不求报酬。管理者已经当了管理者，便已经是报酬，至于其他，原本都是身为管理者所应该做的，哪里还能再要求什么报酬呢？居于这种心态，便能够“不为什么”地做自己应该做的事情，即能自然地去做，不造作。

梁启超先生说，为劳动而劳动，可以说是劳动的艺术化。管理者自然无为，不为什么而为，也可以说是管理者的艺术化。当管理者当到艺术化的境地，是不是人生就更有意义，更加有价值呢？

不造作才能够破妄返真

管理者若是每做一事都要求报酬，而且所得报酬只准自己独有，不许他人同有。例如一切行动，都念念不忘利润，或者每一言行，都考虑到自己的荣誉，这种“私”的念头，会影响到“公”的标准，一旦私而害公，就会兴起妄念，很难真诚待人处事了。

梁启超先生认为老子的意思，是希望我们把无聊的计较一扫而空。老子说：“宠辱不惊。”管理者不必为宠而惊，也不必为辱而惊。为宠而惊，正是为眼前利害或虚荣心所鼓动。别人说成功，便以为真的是成功，在报上出风头，就沾沾自喜。为辱而惊，乃是“下属有卓见，即为自己的耻辱”，或者“别人的高明，凸显出自己的无知”的错觉。为宠而惊比为辱而惊更可怕，然而，有些人却不知其可怕，以致为害更烈。

管理者宠辱不惊，才会平心静气，破妄返真。遇挫折时会得到鼓舞，烦闷中会得到清凉，困倦时会有所振奋。这不容易做到，却非常值得用心体会，好好自我提升。

破妄返真，就能够不禁其性，不塞其源，而又不思有恩。不认为有恩，便不想操纵，不急着要把持。事实上，今天大家所重视的利润和绩效，都是“果”而不是“因”。一般人倒果为因，把注意力全集中在“果”上面，以致忽视了“因”。管理者破妄返真，应该了解利润和绩效乃是大家努力合作、走上正道的必然结果，因此把注意力放在不禁其性、不塞其源上面，使大家安居乐业，自然带来利润和业绩。这样，正符合“无为无不为”的精神，自然而不造作，诚实而不虚伪。

无为无不为的三大步骤

管理者希望无为无不为，最好依据下述三大步骤，顺序而行，以保安全而有效。

第一，先求有为。

管理者必须有为，才能创立正当的事业，树立良好的形象，以吸引人才。

老子认为“天下万物生于有”，实践的功夫，实际上为儒、道、释三家所并重。刘备不用心打听，不三顾茅庐，哪里会得到诸葛亮的鞠躬尽瘁？刘邦不立志“大丈夫应当像这个样子”，不起事反秦，哪里会得到萧何、张良、韩信的赤胆相助？不做不做，总免不了要做；不要不要，总免不了要；无为无为，也不免要有为。人必须具备若干能力，不能不“有”。老实说，刘备选诸葛亮，诸葛亮何尝不可以选择侍奉的明主？高明人士不会无缘无故前来投奔，管理者必须重视修己安人的道理，并且努力实践，贤明的人才自然闻风而来。即使不三顾茅庐，也能够打动对方的心，使其仗义相助，成为自己的好帮手。

第二，礼遇人才。

管理者让开一步，必须下属接得下来，能够施展所长，把空隙填补起来。否则管理者一让开，马上出现空隙，后果不堪设想。管理者经常感叹无人可用，当然不敢轻易让开一步。

唯有礼遇人才，使人才肯来而又敢做，管理者才能够自然无为。管理者的无为，必须建立在同仁能干而又肯干的基础上，才能立于不败之地。人才肯不肯来，来了留不留得住，留住敢不敢为，其原因之一，乃是管理者能否真诚地礼遇人才。孔子说“有教无类”，意指管理者教导有方，则人人可以成为人才。管理者必须宽宏大量，有如天无所不覆那样，能信任比自己更高明的人才，甚至能任用敌对的人，必然最具有魅力。

第三，逐渐让开。

管理者有心自然无为，应该下定决心，立即让开。最好依个别情况，对不同的下属，给予不同的运作空间，这才是适才适用。而且各人的空间不同，也是一种真正的平等，使大家明白，有多大的表现，就给予多大的空间，这样可以激励同仁，让大家努力发挥。

管理者自身力求充实，却不能一味表现，剥夺了同仁表现的机会。拿出诚心诚意来礼遇人才，使人才在磨炼中增加实际的经验。于是逐步让开，空间由小而大，管理者也就逐渐由有为而无为，迈向自然无为的境界。

第2章

管理者应为之事

看起来天从来不做事，却把所有的事情都交给人去做。所以说事在人为，有人才有事。天无为，人才能够大有所为。

天把做事的空间和机会让出来，人才有可能做出很多事情。在这种情况下，人凭什么经常谢天谢地？稍有成就，便要对天表示谢意。天的恩惠，成为大家所熟悉的天恩，似乎和天威永久并存，令人十分难忘。明明是人在做事，却诚心诚意地感谢天，这是什么道理？

原来人有能力，也不一定能够表现。需要机会，更需要舞台。天不做什么，却默默提供机会和空间。聪明的人，自然心存感激。把天置之度外，迟早要吃亏。

管理者扮演天的角色，却终究不是天。不能够完全像天那样，永远不开口说话，也不给人具体的帮助。管理者要替天行道，必须体会天所给予人的某些启示，并且以实际的行动，把它表现出来，使其产生有效的成果。

天无言，却有很多风云变幻的暗示。管理者如果能够做到：不多说话，下属便能用心体会；不多做事，员工便能努力；不多管，大家便能自动；不授权，大家便能负责；不紧张，大家便能快速行动；不发威，大家便能谨慎行事。那就是无为而无不为，真正发挥天的威力。

管理者应该做的事情，其实并不少。用心把自己应该做的事情做好，已经是了不起的卓越管理者了，用不着处处和下属竞赛，一定要胜过所有员工。否则以一己之力，要和这么多员工力拼，恐怕只是折磨自己罢了。不如学学天的高明，提升自己的层次，使自己从容不迫地做好应该做的事情。

不多讲大家便能体会

权利由他人赋予

管理者有关怀、照顾、教导员工的义务，相对地也有一些可以享有的利益。一般人把“利益”看得过分狭义，把它看成单纯的“利润”。实际上管理者除了应得的利润，还有若干权利，包括依照自己的理念来经营、按照自己的兴趣来选择、传授自己为人处世的原则等。其中最鲜为人知的便是：拥有少说话的权利。

老板的“板”繁体字为“闆”，表示“组织大门内唯一有三张嘴巴的人”。然而这也是一种警戒的信号：嘴巴太多，失误的机会也跟着增多。言多必失，一张嘴巴已经足够造成“祸从口出”的灾害，何况三张嘴巴？补救的办法便是：尽量少说话。一般员工并没有这种权利，管理者反而独自拥有。

少说话并不是不说话，所以不必紧张。少说话不过是“不可不说，不可乱说”，以求“不说则已，言必有中”，实在是管理者“立于不败之地”的要领之一。

但是，权利的本质，乃是由他人所赋予的。如果管理者少说话，员工也全都沉默不语，就表示员工并未赋予管理者少说话的权利；若是管理者少说话，而员工之中有一些马上挺身而出，把管理者想要说而未说出来的话，一五一十地说出来，那就充分证明，这位管理者了不得，已经被员工赋予了少说话的权利。可以说，也可以不说了。

少说话不是没有说话的权利，而是拥有不说话的权利。非但没有损失，而且多一层保障。因为说话有说话的利益，不说话也有不说话的利益，两者各有利弊。管理者的权利，并不是单纯地不发一语，而是先不说话，让员工先开口，然后抓住重点，再开口说话，所以每发必中。最后才说话，实际上也是一种最后裁决权。想清楚，看明白之后，才做出最后的裁决，更加安全，何必急于一时呢？

管理者有没有这种“叫别人先说，自己最后才说”的权利，要看员工是不是支持，愿不愿意先开口。可见管理者如果未被赋予少说话的权利，想不开口都不行。

三张嘴巴乱动的结果，势必说的话没有人听，发布的命令没有人奉行，而责骂的话，也被当作耳边风，真是“说到死也没有用”，不过是多说一些废话而已。

要设法让员工先开口

管理者先开口，员工多半不会说出相反的意见，却一味以管理者的意见为意见，看起来百依百顺，结果管理者的责任愈来愈大，大到单独一个人要负起全部的责任。除非是神仙，否则谁有这么大的能耐？

员工先说话，管理者有不同的意见，才可能加以比较，看看哪一种主张利多于弊？也想一想为什么有不同的看法，作为互相了解、彼此沟通的桥梁。员工先开口，管理者才有机会听到新的东西，才能够明白某些人的心声，才有办法掌握当前的动态。对管理者而言，员工先说话应该被列为最有利的一种资源。管理者最担心的，应该是员工什么都不说，好像在迷雾中行走，令人十分彷徨。可惜很多管理者喜欢先开口，造成员工什么都不说，实在是自己找麻烦。

管理者先说，员工就遵照管理者所说的去做，就算做得相当彻底，结果也有所欠缺。管理者一个人，能说多少？中国管理者高明得很，一方面了解自己有三张嘴巴，不知道应该用哪一张比较好；另一方面也明白纵然有三张嘴巴，所说的仍然有限。如果要求员工依照老板所说的去做，那么说的部分做得很好，没有说的部分都不去做，如何是好？反过来说，既然管理者说不完全，没有办法把所有应该说的话全部说出来，为什么不能干脆少说？让员工自己说来说去，把责任分摊开，以免把管理者累得半死！

其实，管理者真正的责任，在于想办法让员工先开口。方法非常简单：多提问题少给答案，员工自然不得不开口。管理者心里就算有答案，最好也不要说出来。因为一旦说出答案，员工便不说话。也不可以显露出“我有答案，只是暂时不说出来，先来考考你们”，以免引起员工的反感。要员工开口说话，原本已经相当困难，何苦再自己增加阻碍，使得员工更加不愿意把心里的话实实在在地说出来。

管理者虚心地提出问题，用信任和期待的眼光来看员工，必然很快有人开口。管理者的下一个责任，是在员工开口说出答案之后，判定其正确性与可行性，以便有效地付诸实施。希望完成此一责任，仍然要通过员工的说明和彼此之间的申辩，因此方法还是没有改变：尽量让员工说出心里的感觉和专业的知识。

怎么促使员工“有话好好说，无话不乱说”，避免“害怕时不说，不怕时乱说”的恶果，恐怕是管理者享受少讲话权利的先决条件。

少说话的三大法则

管理者想要少说话，有以下三大法则：

第一，平时先听大家的意见，紧急时管理者才先说。

管理者必须坚持“平时先听大家的意见，紧急时管理者才先说”的原则，并且切实施行。员工习惯之后，才会在管理者提供时间让员工说话时，好好地表达自己的意见，在管理者认为兹事体大或这件事十万火急时，不一定表达自己的意见，却专心而且用心地把工作做好。管理者手中执有“两把刷子”——一把刷平时：“让员工先开口。”另一把则刷紧急：“我先说，希望大家听我的。”由于平时尊重大家的意见，紧急时大家才会充分支持管理者。

第二，管理者提问题，员工尽量分头找答案。

管理者要依照人际习惯律，养成“管理者提问题，员工尽量分头找答案”的习惯。换句话说，管理者提问题，员工如果不愿意找答案，或者找不到答案，管理者也不可以轻易说出答案。因为这样很容易养成“员工不必动脑筋去想，只要静待一下，就会出现答案”的坏习惯，而且很难改变风气。员工没有答案，管理者要采取迂回的方式，提供参考资料或参考答案，让员工自己发现答案，并且勇敢地提出说明，这才能够养成“管理者有问，员工争取时效必答”的良好习惯，进而互相激励，蔚为优良风气。

第三，发现突破瓶颈的方法，培养不断精进的员工。

管理者要激励员工“用不争功、不讨好的态度，把应该说的话说出来”，并且“用意不在找出同仁的缺点，而在发现突破瓶颈的方法”，培养出“日新又新、不断精进”的员工。因为员工率先把问题的答案说出来，甚至在管理者未提问题之前，也乐意主动提出问题，并且附有可行的答案，对于公司的应兴应革有很大助益。激励员工在圆满中分是非，正是管理者享受少说话权利的真正成果。

不多做大家便能努力

管理者的主要工作在安人

常听人说："我们的管理者真好，很会做人。"却很少有人这样说："我们的管理者很会做事。"万一有人说这种话，我们反问他："你们的管理者那么会做事，那你们在干什么呢？"他的回答可能是："我们吃饱没事做，在旁边欣赏管理者做事，好像还做得不坏！"岂非令人为之气结？

管理者要行天之道。老天从来不做事，只是不停地"替人安排这样，调整那样"，我们把它叫作"天命"。天的命令，人可以顺从，也可以不顺从。顺从的时候，便是"天定胜人"；不顺从的时候，便是"人定胜天"。不管顺从不顺从，天和人总是分不开，所以说"天人合一"。

安人的工作做得好，员工就会像人顺从天那样地顺从管理者的意旨；安人有所偏差，员工不安，也就如同仁不顺从天那样地不顺从管理者。管理者和员工的关系是一体的，天人合一的道理告诉我们：当管理者的人，必须推己及员工，爱员工如爱自己，把人安顿好，大家才能一条心，共同努力，达成目标。

事在人为，一切事情交由员工去做；成事在天，事情做不做得好，关键在于管理者能否安人。所以管理者的主要工作，并不是“把事做好”，而是“把人安好”。

“把事做好”是“管理”，“把人安好”才是“经营”。聪明的管理者，首先分辨“经营”和“管理”的差异，然后把“管理”委托给干部，自己才能够专心“经营”。

站在“经营”的立场，企业能不能永生，完全在“人”。究竟“企业的成败在于人”这一句话中，“人”是指“管理者”，还是指“员工”？答案是“员工”，而不是“管理者”。因为管理者一直把自己看成决定成败的人，就会看轻员工而自以为了不起。管理者提升自己的地位，扮演“天”的角色，看得起员工，把他们看成了不起的“人”，才可能“客观、公正、宽容”地对待所有员工，先把“人”经营好，再进一步把企业经营好。

管理者有权利不做

管理者享有最大的自由，爱怎么想就怎么想，没有人会反对，也没有人能够反对。不过，想归想，不能做。有些管理者违反这个原则，坚持“想到做到”，结果常常造成“收拾不了”的残局，相当可怕。

想了之后，应该赶快接着想：找谁来研究？可行性有多大？管理者不要自己去决定。自己有构想，自己思考可行性，往往不够客观，很可能愈想愈可行，掉入一厢情愿的陷阱而不能自拔。

找什么人来研究？这才是重要的决定。找错人全盘皆输，千万不可大意。胡乱交办，最后自己受罪。把合适的人找来，不是交代他马上办，应该以商量的口吻，希望他仔细研究一下，到底可不可行？

如果答案属于“不可行”，管理者可以请他继续找另外的人，深入研究，看看有没有突破的可能；若是“可行”，管理者也不要兴高采烈地发布命令，或者自己去执行。先问问研究的人：“谁来做比较好？”共同找出最合适的人，由他去发号施令，并且督促执行。凡“事”都有合适的推动者和执行者，“事在人为”，必须由这些“人”去完成。

事实证明：独自决定一切事情的管理者，容易失败；一切事必躬亲的管理者，更难获得成功。管理者是经营者，经营者有三大职责：首先，为公司的将来设定正确的方向；其次，确定适当的人才是否被安置在适当的位置上；最后，查证各阶层的每一个人，对于预先设定的标准与期望，是不是确实达成。

经营者不但要适才适用，而且要核查是否真的适才适用。除了掌握未来方向，管理者所要做的，无非是辨识人才，以便把合适的工作交给他去做。

为公司的将来设定正确的方向，一方面要依据信息和数据，另一方面也免不了诉诸自己的第六感，所以管理者不可以不想。由“想这样、想那样”来引发自己的第六感，想出来之后，交给合适的人去研究，然后查证他是不是尽心尽力去达成。

当心做一次就甩不掉

管理者想而不做，绝对不是为了偷懒，而是“管理者自己做，其他人就会不好意思去做这件事，以致每一次都要管理者自己去做”，成为甩不掉的麻烦。

刚刚创业的时候，管理者并没有这种苦恼，也不必有这种顾虑。那时候以身作则，甚至身先士卒，都是当然的事。但是，人手逐渐增多之后，情况就有了变化。管理者随着人手的增加，把一件一件原本由自己处理的工作，分别交给合适的人去做，最后自己只剩下一项工作——当管理者。当管理者本身就是一件大事，有很重要的功能，实在不必再过分热心去做其他工作。

工作分配出去，事情并没有结束。管理者必须仔细核查，分配出去的工作是否顺利达成预定的标准与期望，然后在适当的时机，再把这种核查工作分批交办。

管理者最大的危机，就是对于若干原本自己在做的工作恋恋不舍。“舍不舍得”这一句话是管理者必须常常自问的。把工作交出去时，会不会产生“没有人能够做得像我那么好”的感觉？如果是，那就证明管理者舍不得把工作割让给别人，因此常常藕断丝连，忍不住要插手，弄得做的人无法发挥本身的能力，满足了管理者“没有人能够做得像我那么好”的心理欲求，却也同时产生很大的危害，让管理者面临过分劳累的挑战。

交出去之后，就不能收回。一旦收回，再交出去的时候，下属更加担心，不知道应该怎样做才好。一旦管理者把工作交出去，就可以逐步放手，让承接的人逐渐熟悉，但是，不能走回头路，忽交忽收，令人不知所措，当然做不好。下属刚开始缺乏经验，可以辅导他，让他自己逐步改进，以积累经验。不可以经常“挥手”，使他觉得是管理者不放心，而不是他做得不好。管理者知人为先，能做的给他做，做不好的训练他，而不是代他做；做得好就赞美他，让他更起劲。管理者多想少做，多做人，少做事，大家才会好好地工作。

不多管大家便能自动

天只帮助那些自助的人

宇宙万物，都是自生自长的。然而我们一直认为天生万物，万物受天的滋润而生长。员工自生自长，大家会不会肯定管理者的功劳，认为员工受管理者的照顾而成长呢？

人为什么感谢天？因为天常常帮助人。天究竟做了些什么？看起来似乎什么也没有做。天并没有做什么，人就会感谢天，这真是十分奇特的现象。

管理者提供工作机会，让员工去表现。正如天提供空间，让人自己去成长。人自己成长，却感谢天；员工自己表现，同样会感谢管理者。

有人说这是员工的修养问题，修养好的员工，自然心知感激；而修养差的员工，非但不会感激，甚至自立门户，专门和过去的管理者唱对台戏，存心把管理者“气死”。

其实，员工是管理者选聘或雇用的。管理者在遴选、甄试人员的时候，为什么不用心一些，把那些修养差的人挡在门外，只让那些修养好的人进来？如果说人员短缺，能够找到人就颇不容易，哪里谈得上精挑细选？那我们就忍不住要问，在这种情况之下，为什么还急于当管理者？

已经当了管理者，若是找不到合适的人，宁可不扩大规模，设法以机械化、自动化来增加生产或促进劳务，也不可以盲目招人，后者等于安置了一些定时炸弹在自己身旁，终究深受其害。

天并不帮助所有的人，天只帮助那些自助的人。自助的人，成功时会感谢天，失败时会检讨自己。不知自助或不能自助的人，成功时自吹自擂，失败时埋怨老天。

管理者只能够聘用自助的员工。自助的员工，成功时会感谢管理者，遇到挫折时会反省检讨；不能自助的员工，工作顺利时趾高气扬，遭遇困难时怨天尤人。

公司要形成一种气氛，只帮助自助的人，以鼓励大家自动自发。管理者应该坚持原则，一切让员工自动自发。这也是一般公司最欠缺的东西。

员工自动自发才不会觉得承受压力

一般公司的管理者喜欢显示天威难测，让员工不敢不按照“管理者取向”，时常用心揣摩管理者的心意，因而觉得工作压力很大。管理者取向使得员工无法自动自发，因为管理者高高在上，“顺我者昌，逆我者亡”，员工唯恐不能生存，势必服从管理者之命或顺管理者之意，丝毫不敢加入自己的意见。在这种唯管理者之命是从的情况下，哪里可能自动自发？

管理者嘴巴上民主，实际上专制，员工就不敢自动自发。蒋梦麟先生比较中国人和日本人的异同，特别指出日本人“最大的美德就是拥护领袖，服从命令”，而中国人却由于“没有世袭的统治阶级，除了相当于贵族的士大夫阶级，也没有贵族阶级，要使这辽阔的国度里的人民万众一心，必须仰仗老百姓之间的学者领袖来驱策督导”。所以，“现代日本是统治阶级建立起来的，现代中国系平民百姓所缔造。在日本当一个领袖要容易得多，他可以任意独裁，他要人民做什么，人民就会做什么。在中国当一个领袖，却必须教育人民，而且真正地领导人民。这是一件更为困难的事，必须具备超人的才智和创造能力”。

当日本人的管理者比较容易，做中国人的管理者比较困难。不过，中国人未必真正喜欢美国式的民主，弄得没大没小，管理者不像管理者。中国人的民主，是“以民为主，但是老百姓应该懂得尊敬领导者，感谢他的德政”。

如果不是德政，当然用不着感谢，甚至还可以群起而攻之，把他赶下台来；若是德政，大家再不感谢，那还算是人吗？以德服人，实在是管理者必须走的路。

日本人学到中国人的“忠”，却学不到中国人的“恕”。日本人往往只知道坚持自己的立场，很少考虑别人的观点，使得日本人难以成为国际舞台上的领袖。

中国人的“恕”道，使我们懂得设身处地考虑别人的观点，有些人认为中国人过分懦弱，实际上是不了解“以柔克刚”的道理。

民主是互相尊重，但不可能完全平等。管理者不必摆出权威，员工自然会让其三分。只要是他自愿的，他就不会感到有压力，就会自动自发地敬重管理者。

设法让员工自动自发

万物自然生长，是一种自动自发的表现。人为万物之灵，懂得的道理比万物多，所以知道感谢天。

员工自动自发把工作做好，如果懂得道理，就会感谢管理者，为大家提供正确的工作方向及良好的工作环境。员工自动自发，不但没有工作压力，而且不觉得有来自管理者方面的压力，自然身心俱感愉快，因而十分感谢。事实上，是“感谢”的心情使得员工身心愉快，这不是“工作”或“酬劳”能够完全取代的。

但是，多做多错，少做少错，不做不错，乃是大多数人经历过的惨痛教训，并不是单凭三两句话，说什么“多做不错，少做才错，不做大错”便可以改变的事实。员工心里明白，嘴巴可以喊“不做大错”，行动上却死守“不做不错”的铁律，能推就推，推不掉便拖。一推一拖之间，上面的命令下来了，这时依照命令办事，做到什么地步算什么地步，哪里有什么成效可言？

管理者慎选员工，一开始就塑造自动自发的气氛，让大家发觉在这个环境中，只有自动自发才能够共存共荣。那么，大家便不会坐等命令，养成推、拖的坏习惯。

一个命令、一个动作绝对不是天的做法。人那么多，天要是一个一个去推，要推到什么时候？人愈来愈多，天势必愈来愈累。天从来不推，人才会自动自发。

管理者喜欢发号施令，大家就会等待命令。管理者具备一些技巧，也就是熟悉“情、理、法”的运作，从“情”入手，引导员工自动做出合“理”的事，员工就自动了。所有制度、法规，当作行动的参考腹案，大家互相尊重，很有面子地自动依理而行，这才是中国人所喜欢的民主。可惜我们长久以来，一直被误导，以为美国式的民主才值得仿效，殊不知，中国式的观点另有一番用意。

不授权大家便能负责

中国人不轻言授权

很多人喜欢讲“授权”，而且讲得头头是道、条条有理。管理者听了之后，决定授权。可是一授下去，苦恼接踵而来。因为“有权的人，往往有弄权的倾向”，如今管理者自己不弄权，把权授下去，却让别人去弄权，怎么算也划不来。

就算有权的人自己不存心弄权，下属也会挖空心思制造弄权的机会，以便从中牟利。不见得有权的人都是不正当的，却往往不正当得连自己也察觉不到有什么不正当的地方，因为利害攸关的下属，会粉饰太平，包装得好像什么都十分正当。

聪明的管理者，不可轻言授权。把权分授出去，看出不对劲的时候，再收回来，经常会弄得大家很不愉快，还会减少自己对授权的信心，使自己更加专制而趋于独裁。

管理者自己抓住权柄，把责任分授下去，叫作“分层负责”，而非“分层授权”，这样才能放心，也永远不会发生

“授权后又收回去”的不良后果，使大家不至于反感。本来就没有授权，当然不可能收，也不必收。各层主管不必有权，只要恪尽责任，不失责，也不越权，实在是最为理想的状态。管理者最害怕的，是下属失责或者越权。失责指“应该做而未做”，越权即“不应该做而做”。管理者授权，下属就可能越权；管理者不赋予责任，下属便可能失责。如今不授权而赋予责任，下属才可能既不越权也不失责，成为管理者相当放心的好下属。

授权并没有什么不好，只是权授出去，下属便觉得自己有权决定，可以不必按照管理者的旨意，大可依据自己的想法决策。于是三天两头，做出和管理者意见相左的决策。管理者一忍再忍，终于忍无可忍。明的不好讲，便暗地里寻思整人的办法，如明升暗降、借口加罪、设法刁难、冷嘲热讽等，反正有的是办法，非整得下属不敢擅用所授的权，否则绝不停息。这种嘴巴上授权、实质上牵制的做法，不如不授权却只赋予责任，显得表里一致。

不授权对主管有很多好处

管理者授权给主管，表面上，主管能够发挥自己的能力，在所授权限内快速做出决策，以争取时效。但是，伴随而来的苦恼，则是下属往往要求主管做出某些超越授权范围的裁定。主管如果表示这种要求已经超出自己的权限，那么下属不是要求破例，便是化整为零，把大的分割成为小的，以符合主管的权限。主管遇到这些要求，起初可能严词拒绝，毕竟他和下属朝夕相处，一次、两次拒绝，到了第三次，也可能答应下属的要求，以致自己不经意或无意地逾越了权限。没有事的时候，大家十分愉快。一旦东窗事发，主管根本无法辩解，自己为什么要越权裁决。于是，久而久之，被下属抓住小辫子，说话大声点都有点胆怯，哪里有胆量依法开除不良员工呢？

主管严格遵守授权的范围，下属就认为这是公事公办，依据中国人“彼此彼此”的道理，你以公事公办的方式对待我，我也照样拿公事公办的态度来对待你。于是能做的就做，不能做的便不做。主管痛在心里，也拿他没有办法。中国人长久以来，认为“有权的人，就有破例的魄力”，要不然“有权力而不会行使”与没有权力的人，又有什么不同？姑且不论这种观念正确与否，事实上有魄力的主管常常法外施恩，破格任用，而且口口声声说“下不为例”。近来还有主管向下属表示要向管理者大力争取的，听起来怎能不令人心寒？

管理者授权给主管，下属当然明白。心想：“管理者既然可以授权给你，你难道舍不得把权授给我？”如果真的分层授权，就演变成“科员政治”。主办人员的决定，谁也奈何不得，这种情况恐怕也不是我们所乐于见到的。

理论上，主办人员依权限决定的事情，应该由他负起全部的责任，即使发生差错，也和主管无关。下属有差错，主管可以置之度外，倒霉的必然是管理者。实际上，凡是下属有所缺失，管理者多半先找主管，问他究竟是怎么管的？对中国人而言，“连坐法”不完全是历史的产物，还是实际需要的一种互依互赖的精神。

主管未获授权，至少可以让下属知道，他和我一样是“只有责任没有权力”的人，彼此谅解，互相配合就是。

主管有责无权要好做得多

管理者有没有授权，和主管有没有尽责，其实正好是一体两面。主管尽责，等于管理者授权。主管凡事思虑周到，决策正确，而又适当尊重管理者的最后裁决权，管理者看在眼里，爱在心里，自然处处尊重他的决定，和授权并无两样。如果说这样可能耽误时间，实在是推托之词，因为只要拿捏得准，并没有大小事都请示的必要。

授权和尽责的差别在于“明说”与“不明说”。授权是明说的，大家都弄得清清楚楚，结果常常闹成僵局，不欢而散。尽责乃是“不明说”的授权：只要结果是彼此一致的，等于授权；结果不一致，那就没有授权。中国人有些事情永远也不会说得很清楚，其奥妙处正在于此。

现在有些人喜欢说：我们分层负责，结果皆大欢喜。仔细检讨一下，不是“分层负责”而是“分层授权”，这便是管理者控制不了大局，不得不暂时忍耐，等待机会再来改变这种令大家都不得安宁的局面的后果。

主管的心里，何必一定要争“权”？凡事恪尽职守，有什么不好？对管理者来说，我尊重你的权，不侵犯你的权，我只是尽责任而已，这样管理者就不会害怕；对下属而言，我和你一样，只有一大堆责任，根本就没有权。你用不着费心思要求我破例或者搞鬼，也不必要求我授权给你，大家相安无事，共同把工作做好，这才是上策。

管理者不轻言授权，对大家都有好处。管理者有权，很可能被小人包围，不知不觉地越权，做出许多不合规定的事，这才是最需要小心避免的。授权解决不了被小人包围的问题，唯有时常自省，注重修己，才能够免此灾难。

不紧张大家便能快速行动

主管往往慢半拍

许多管理者自问："我并不希望管这么多事，也不希望做这么多事，为什么始终甩不开、放不掉呢？"答案则多半归罪于"主管能力不足"，或者"他们不愿意负起责任"，因而一拖再拖，似乎不做不行，不管也不行。这种“心里不情愿”，却又“事实不得不如此”的念头，长久以来，一直盘旋在管理者的脑海里，很难去除。发现“主管能力不足”，或者“他们不愿意负起责任”的原因，乃是依据“主管处置事情，往往慢半拍”，看在管理者眼里，自然产生“能力不足”或“不负责任”的感觉。根据现象追究其背后的理由，这种推理方式，本来是正确的，现在却出现严重的失误。

主管办事慢半拍，固然可能和“能力”或“责任感”有关。但也有另外一种可能，那就是“担心管理者的反应”，即犹疑一下，以致慢了半拍。

想想看，如果某一位主管在处理事务的时候，丝毫不顾虑管理者的立场，一点也不在乎管理者的观感，便当机立断，放手去做。这时候管理者看在眼里，会不会急在心里？管理者在主管心目当中，分量已经低到如此地步，难道不会不安？真的不会恼羞成怒？

若是管理者不在场，主管很可能当机立断，放手去做，因为他知道管理者十分相信他，而且在自己分层负责的范围内，当然胸有成竹，毫不踌躇。但是，主管这种果断而快速的处理态度，管理者由于并不在场，所以不能亲眼看见。管理者看到的，只是自己在场时，主管那种慢半拍的表现，而非真正的实际状况。

主管看见管理者在场，心里存着几分敬重，或者几分敬畏。于是在做决定或处理事务的时候，难免有所顾虑，不敢直截了当地表现自己的作为。这时管理者就会觉得，这么慢吞吞的，那还得了！这种判断，对主管来说，是不是有一些不合理呢？

管理者的眼睛，看不见主管“有能力、负责任”的一面，却经常发现主管“能力不足、不敢负责”的一面。事实上，当管理者看见主管“有能力、负责任”的那一面时，会有什么反应，可能产生什么想法，更是值得我们关注。

管理者忍不住要自己做

主管慢半拍，管理者就看不惯，忍不住要自己做。一切恶性循环，便由此产生。

首先，管理者“我并不希望管这么多事，也不希望做这么多事”的心意，受到严重的怀疑。主管们每次看到，管理者在场时，总是自己做决定，自己处置事务，多数不会检讨“是因为我慢半拍的关系”，却窃窃私语：“管理者嘴巴上不希望管事，实际上喜欢大小事情都管，这样才舒服。”

有些人口头上说的话，谁也不敢断定是真是假。习惯上我们会依照孔子“听其言而观其行”的原则来判断别人所说的话，究竟是“客套”，还是“实话”。

首先，主管耳朵里听进管理者“我并不希望管这么多事”的话，进一步由眼睛证实管理者实际上自己做决定、自己处置事务，便会肯定地自我告诫：“原来他的话是客套的，幸好我还算机警，让他一下，果然满足了他内心的需求。”主管的想法刚好和管理者的相反，却因为这种心态，很少进行沟通，终究形成“各是其所是”的死结。

其次，主管就算和管理者相处日久，彼此已经建立相当的默契，也了解“舌头有时也会被牙齿咬到”的道理，明白“自己的看法不可能百分之百和管理者一模一样”，加上“如果管理者不支持我的做法”，在下属面前就会显得十分没有面子。因此，既然管理者在场，而且他又喜欢亲自处理，我为什么不自己约束一下，让管理者去表现呢？

最后，中国人向来讲求“长幼有序”。凡是长辈在场，就要提高警觉，不要违背伦理，挨骂事小，叫人笑话才划不来。现在管理者在场，我身为主管，更应该遵守伦理，做下属的表率。

种种缘由，使得主管不敢逾越，想不到管理者不作如是想，却一味认为主管能力不足，或者不愿意负起责任，真是阴差阳错，主管着实也有一些冤枉。

管理者要忍耐几分钟

中国人常说：“小不忍则乱大谋。”中山先生也说：“天下事，十之八九不如人意，总须坚忍耐烦，劳怨不避，乃能期其有成。”管理者如果对主管能够“忍得一时之气”，相信必能“免得百日之忧”。

忍耐并非糊涂昏庸、麻木不仁。管理者当然要试一试，主管究竟是真的能力不足，还是心有顾虑？究竟是不负责任，还是会错了意？

人，可以欺瞒一时，却无法长期欺骗。主管有没有能力、能不能善尽责任，管理者用不了多久，便能够了如指掌。管理者希望主管快速处置事务，最好自己先不要紧张。

一般而言，管理者愈紧张，下属便愈不敢急，顶多表面上加紧一些，很快又会放慢下来。这是下属的安全“防卫机制”，似乎大家都心里有数。管理者紧张，下属就表现得行动迅速。管理者一看紧张有效，便会愈来愈紧张，结果下属也就愈来愈追求做事速度，最后活活被“累死”。

高明的管理者，都知道“自己急在心里，千万不要表现出来，好让下属去急”，更进一步，还会“心里也不急，因为下属已经急了”，那才是令人愉快的境界。

忍耐是相当痛苦的，管理者如果不能忍受这种“慢一点，看主管怎样处置”的痛苦，就不能享受“不必紧张大家便能快速行动”的甜美果实。

古人说：“忍人之所不能忍，是谓之忍。”管理者能够忍受“看着主管老是慢半拍”或者“主管似乎表现得比我自己更有能力，更有魄力”这种别人所不能忍的现象，才叫作

“真的有耐力”。

人迟早会发火，这“迟”与“早”，便取决于修养的高低。管理者一看主管慢半拍，马上生气地自己抢过来处理，好像“早”了一些。若是忍一下，再等三五分钟，主管处理得很合适，管理者心里也十分舒畅，就可以因为稍“迟”一下而免去生气的烦恼。仔细算一算，迟比早有利。所谓“待人要忍耐，才能尊贤容众”，收到“近悦远来”的效果。

不发威大家便能谨慎行事

管理者的决定权

管理者不得不承认：公司人才再多，主管再忠诚肯干，也没有人能够代替自己做最后的决定。

想想看，管理者如果把最后决定权都交给亲信的主管，是不是好比豪华轿车的主人把车停在大路边，既不上锁，又把车钥匙插在钥匙孔里，引诱他人把车子随手开走呢？

某些管理者对我说："我把那一个部门的责任交给他，是不是可以什么都不管了呢？"我也诚实地告诉他："什么都不管，等于把那一个部门送给他，而不是交给他。将来他把那个部门所有的重要资产都骗走，你也不能责怪他。"

凡是背叛管理者的人，必然有很多理由。其中最常用，也最令背叛者心安理得的，似乎就是："管理者怂恿我，然后回过头来骂我。"这也是"害生于恩"的道理：父母可能宠坏自己的子女，管理者也可能由于过分宠信主管而陷主管于不义之中。

无论怎样分层负责，管理者永远要承担最后决定的责任。主管可以出点子，可以合理坚持，也可以分析利害得失。但是，最后的决定，仍有待于管理者的点头认可。

管理者不必多管，并不是什么都不管；管理者不必多说，也不等于什么都不说。管理者分层负责，并不是把自己的最后决定权都放弃。管理者让主管自动，实际上也有很多促使自动的装置。

管理者和主管不一样

我们常常建议，主管要把同事当作朋友看待，因为“同事可能是暂时的，朋友才可能是长久的”。把同事看成朋友，彼此不但不会斤斤计较，而且也比较可能持久地互助合作。但是，我们并不建议，管理者要把主管当作朋友看待，因为“徘徊在友情和对所有人员负责之间”，实在是一种十分痛苦的经验。

管理者就是管理者，和主管或员工不一样。员工只对他自己的家庭负责，公司如果不能满足他的需要，大可以一走了之，另谋高就。主管只对他那一部门的人员负责，经常面对面地一起工作，很快便培养出朋友般的情谊。老板除了必须对自己的家庭负责，还要对公司所有人员的家庭负责，他几乎没有办法和公司里任何一个成员做朋友，因为他应该和所有的成员做朋友。管理者要爱所有的人，所以没有办法爱任何人。

在实际的运作方面，主管可以用管理者做挡箭牌，用“管理者大概不会同意”或者“等我找一个机会探探管理者的口气”，来推、拖一番。管理者就没有这么方便，大家都明白管理者自己有决定权，“一声令下，便可以算数”。

不错，公司犹如大家庭，管理者就像家长。我们同样不赞成“父亲要做子女的朋友”，虽然这种话听起来甚具现代感，也确实有一些人如此地再三倡导与推崇。但是，我们仍然认为，父亲就是父亲，不是朋友。父母生我，朋友断然不能生我。子女有他们的朋友，但是父母仍旧要善尽父母的天职。

管理者也是人，凡是人都需要朋友；管理者十分孤单，更加需要朋友。但是，千万要把“建立友谊的念头”和“友谊对决策的影响”做一番仔细的比较，以避免因友谊而“必要时拉不下脸来”，弄得大家都痛苦不堪。

其实这两者可以兼顾

当然，我们说管理者不能和部门主管做朋友，实际上是指“在朋友之外”，仍然保存若干管理者的威严，通俗一些的说法，就是保留最后裁决的权势。

韩非认为，“人主之患在于信任人，信人则制于人”。管理者若是失掉权势，部门主管就可能利用自己的权势来创造自己的利益，使自己日益坐大，因而造成管理者被蒙蔽，甚至被打倒的危机。

孔子指出“君君、臣臣”的道理，也告诉我们君臣有别，管理者应该像管理者的样子，扮演好自己的角色。

公司刚刚开始创业的阶段，大多老板和员工的关系大都是亦主亦友的。随着企业规模的扩大和制度的完善，管理者势必逐步调整自己的作风，也就是逐渐把公司内部的三个阶层的距离拉开，并且让中阶来担当高阶与基层之间的桥梁，做好“承上启下”的工作。人数再少的组织，事实上也可以分成三层，必要时适当地运作，才能顺利而有效。

初步拉开距离的动作，很可能是管理者开始把某些工作推给主管。主管高高兴兴地去做，却不知道带着结果向管理者请示或报告。管理者若是不闻不问，就会养成主管自作主张的习惯。

当企业规模大以后，如果这种情况持续存在，管理者就会觉得不受尊重，于是开始彼此之间的冷战，大家都备尝苦楚。

还有，同仁的聚会，管理者开始借口不来参与。员工心里有些不自在，认为管理者忽然自大起来，可能会产生某些不愉快的感觉，气氛上不免有些不协调。

管理者最好向主管说明：“公司的人员增加，我一个人实在无法照顾周全，从现在开始，就要拜托你们几位多帮忙。有些事情，可能需要分层负责，在重要的决定阶段，大家商量一下，然后再放手去做。”

不能参加同仁的聚会，管理者也要向主管说明：“有我在场，大家会不会反而感到拘束？而且，就我来说，每一次聚会，我都不敢大意，始终把它当作正事来办。我过分严肃，影响大家的情绪，反而不好。请无论如何，代我向大家致意。”

管理者先树立威严，使大家心目中有管理者的存在，再来表现亲和力，做大家的朋友。这样，虽然管理者不必发威，大家也心存谨慎，时刻掌握自己的分寸，以求合理。

第3章

管理者不可为之事

天高高在上，好像不受任何约束。其实不然，天还是会受到天理的限制。换句话说，天如果违反天理，大家就会感叹：天理何在！可见天有应该做的，同样也有不应该做的，这才合乎有所为有所不为的规律。不但合理，而且使人信服，所作所为，大家都会认为公正无私。

管理者掌握大权，似乎可以为所欲为，丝毫不受约束。实际上却并非如此，管理者同样要受到董事会的监督。就算是独资经营，管理者也要接受市场机制的考验。何况员工没有权力，至少拥有两条腿，能够用走路来抗衡。一句“老子不干了”，顿时气势比管理者还要大。若是经常有人辞职，相信管理者再伟大，也会觉得心寒，认真考察为什么会这样。历经多次，管理者心中有数，也明白有些事情不应该做。

我们提出管理者不应该做的六大要项，分别为：

第一，不要独断专行，以免员工越来越没有意见，而管理者则越来越众叛亲离。

第二，不要事必躬亲，以免大家袖手旁观，只知道把所有事情都往管理者身上堆积，弄得管理者疲惫不堪，容易忙中出错。

第三，不要纵容亲信，以免有人拿着鸡毛当令箭，到处招摇撞骗，假借管理者的名义，制造很多问题。

第四，不要鼓励对立，以免在组织内部造成严重的冲突，破坏合作的机制，降低和合的力量。

第五，不要迫害功臣，以免其他主管纷纷设法自保，也使外界人士闻风却步，不敢前来共事，失去人心，势必危害组织的生存发展。

第六，不要冤枉好人，以免好人早死而恶人横行。

先把这六大要项抓住，再来考虑其他。不应该做的，就不要去做了。

不要独断专行

事情会愈管愈多

许多管理者都在抱怨，尽管公司的人员已经很多了，可是一旦遇到事情，就感觉人手不足，非常伤脑筋。究其原因，在于管理者平日对员工的了解不够深入，无法掌握员工的学识与能力，遇到事情，当然不敢放手让下属尝试。独断专行的结果，不但自己苦恼，而且有能力的人才，也会长期被埋没，甚至被迫离职他去。

管理者不放心让下属尝试，势必独断专行。下属不会责怪自己不行，以致管理者不能放心，反而埋怨管理者具有独断专行的性格，所以不敢放手让他们去做。下属为了满足“管理者喜欢独断专行”的心理，便会样样请示，用“我不敢做主”来推托。如果管理者接受下属的请示，事情就会愈管愈多，愈来愈忙碌，愈来愈没有时间和下属商量，于是造成愈来愈独断专行的恶性循环。

下属请示管理者，管理者就给予决定。下属觉得管理者喜欢自己做决定，便愈来愈加小心，大小事都不敢代决。请示的范围愈来愈广，报告的事项愈来愈琐碎，管理者迟早会被活活“累死”。

有些管理者乐此不疲，证明他们确实喜欢独断专行。这种管理者事业做不大，做大也做不长久，持久就会终身劳碌。无论如何，总归咎由自取，怨不得别人。

不幸的是，更多的管理者并不喜欢独断专行，却还是会造成员工的误解，使下属拥有强有力的借口，把一切责任向上推给管理者。他们只要歌功颂德，礼赞管理者，便可以安度日子，管理者则伤透脑筋，还要背上“不会用人”的黑锅。

管理者原本不愿意独断专行，却无奈地走上这一条路，心中的不愉快，更增加了身心的疲累。这样的管理者，内心的痛苦，真是无可言喻。

避免独断专行，并不是说政变就能够政变的。一向独断专行，忽然间放手不管，下属更加害怕，弄不清楚这到底是怎么一回事，管理者是生气了，还是在故意赌气？大家议论纷纷，依然没有人敢接手，结果事情没人做决定，岂不是一团糟？

在工作中磨炼下属

台塑集团原董事长王永庆先生一再提醒他的部门主管：“我们应该回想自己当初接手一件新工作之时，也会惶恐不安，不知自己能否胜任，抱持诚惶诚恐的态度，小心翼翼地摸索、努力，才逐渐由生手、熟练而深入，最后愉快胜任，反而觉得别人是外行。”他认为这种经验正好证明了“人才必须靠工作磨炼而培养出来”。

不希望独断专行的管理者，首先要调整自己的观念，了解“唯有在工作中培养下属的能力”，自己才能放下独断专行的包袱。

管理者尽量“不要告诉下属做法”，却要多多“辅导下属去做”。从辅导中了解下属的学识和能力，并且体会和认知下属的品德修养。采取“逐步放手”的方式，并且“各人的放手程度不一样”，来鼓励下属好好表现。

如果不放心在工作中去磨炼，生怕做错了伤害太大，也可以“加强训练”，特别是“让老人带新人”。关于这一点，王永庆先生说得好：“老人虽然有经验，但是新人有脑筋。老人懂的事比较多，但要教新人。老人不教，新人还是不会，要把经验教给下一代，才不会错过人才。”把宝贵的经验传承下去，再加上新人的新方法，当然是加强训练的良好方式。

管理者能教的，自己教；老人能教的，请他出来教。训练配合在工作中磨炼，比较有把握把事情做好。在做中学，一直十分有效，管理者可以让大家多试一试。

依据台塑集团的经验，任何新进人员，给予三天的“职前训练”，加上为期六个月的“现场轮班训练”，亲身体会基层工作，奠定稳固的根基，将来升为主管，大多能够愉快胜任。六个月的轮班训练非常辛苦，除了参加生产作业、打包产品、搬运物料、保养机械，还要提出心得报告，并且经由主管考核，目的在于考验新进人员吃苦耐劳的精神，磨炼他们的意志力与耐力，同时培养正确合理的工作态度。

规模较小的公司，当然无法这样训练员工。但是主管边教边辅导下属去做，然后视其进步的情况逐步放手，必然是行得通的。

用坚决的意志取代独断专行

有些人认为独断专行就是有魄力的表现，其实，管理者要有魄力，反而不需要独断专行。高明的管理者，要善用坚决的意志力促使下属贯彻命令，而不是独断专行。

第二次世界大战时，英国击沉了德国俾斯麦号战列舰。这艘被希特勒视为“击不沉的战舰”，也是当时公认最坚强的“海上城堡”，就是被当时英国首相丘吉尔的坚决意志击沉的。丘吉尔只给英国舰队司令传达他的决心：“你的任务就是去击沉俾斯麦号，这是你唯一的任务，其他的事都不值得一顾。”

管理者的魄力，显现在其坚决的意志上，以引起下属坚定的工作态度。丘吉尔如果软弱地和舰队司令商量，能不能设法把俾斯麦号击沉，舰队司令大概会表示“我们将尽力而为”，结果却无法达成任务。丘吉尔以坚决无比的信心宣示自己的决策，至于如何去击沉，则放手让舰队司令去决定。丘吉尔指示非击沉不可，使“不可能击沉俾斯麦号战列舰”转变为“轰动全世界的事实”，令大家惊讶不已。

在重大的决策上面，管理者显示出的无比坚决的意志，就叫作“有魄力”。如果任何细小、轻微的事项，管理者都要自己决定，甚至于亲自执行，那不是魄力，而是“不要命”的独断专行。

明确地宣示管理者所希望达成的目标，不允许下属有任何疑问，这种明快果决的态度，使下属明白“这是重大的决定”，因而全力以赴。有魄力的管理者，不留给下属退却的余地，让他觉得务必达成任务，而且一定能够达成。

但是，管理者展示魄力之前，必须对下属的能力有充分的了解，平日也要提供机会让下属进行磨炼，养成达成任务的信念，培养丰富的经验。在显示魄力之前，也必须和有关人员商量，掌握决策的可能性，这才毅然决然地下达毫不妥协的命令，因而不算是独断专行。

不要事必躬亲

成员的价值观并不一致

管理者要掌握全盘局势，不应该事必躬亲。高明的管理者，知道“大部分事情必须依赖分工合作，才能做得更好”。唯有通过组织，运用组织力，把不同的人组合起来，产生一致的合力，管理者的功能才算是获得充分的发挥。

不错，组织成员的价值观并不一致。虽然理论上下属应该接受主管的领导，而主管也应该遵从管理者的指示，但实际上阳奉阴违，甚至营私舞弊，所在多有。管理者为了防止舞弊，通常要求各阶层主管详尽地传送所得到的情报。把不同来源的情报互相对比，以分辨虚实；从不同来源的报告中，核查灵敏度与忠诚度。

各阶层主管若是不分巨细，把所有情报一律向管理者反映，就会造成管理者“事必躬亲”的弊病，徒然浪费很多时间、精力和资源。所谓事必躬亲，不但指管理者亲自参与大小事情，而且包含管理者要求无所不知。

管理者事必躬亲，下属就会耗费大部分时间和精力来收集情报及向上传递。各部门竞相在情报方面大做文章，反而妨碍了正常工作的进行，也扭曲了原本建立情报系统的用意。

组织规模不大，成员可以直接向管理者传递情报，情况尚不至于十分严重。因为管理者能够亲自核查，虽然浪费时间和精力，但还不致被人蒙蔽或欺骗。

若是组织的规模庞大，请问管理者是否有时间逐一核查？由于害怕单一情报网可能遮住管理者的耳目，于是复式乃至多层次情报网分别构成，错综复杂的互动，处心积虑的竞争，就成为组织内斗的根源，说起来管理者受害最大。

公司的运作，其实正是情报传递与正确判断的活动过程。管理者为求全面掌握公司的实际情况，以便确实达成有效的决策，不得不力求了解各种情报。但是身为管理者，却没有必要亲自接收、处理、传递，以及运用所有的情报。

管理者不必搜集所有的情报

组织的正常运作，应该是分层负责，为管理者过滤、挡掉一些情报。管理者不需要获得全部的情报，却一定有必要抓住重要的变数，以便掌稳企业的舵。

管理者用不着急于搜集所有情报，却应该注意调整组织以获取有用的情报。为了合理决策，组织必须精心设计，将情报层层过滤，向上传递给各部门主管，再由各部门主管传给管理者。

各阶层主管在传递情报之前，应该合理地加以筛选，把与决策无关的情报予以剔除。至于采用什么标准来筛选，则与企业文化息息相关，实际上也是企业成败的关键。

管理者要从下属那里获得客观的情报，先决条件是下属相信管理者能够接受不同的意见。否则下属就会存心迎合管理者，一味顺从管理者的意思，而不会坚持自己的看法。

如果缺乏默契，只好力求控制

管理者的经营理念与经营风格，乃是各阶层主管筛选情报的标准。特别是中国人，个个心知肚明，并且很快以管理者的作风为导向，提供管理者喜爱的情报，从中建立良好的关系，成为管理者心目中的重要情报站。

站在管理者的立场，如何判断各部门主管提供的情报是不是正确的呢？中国人的老法子，说起来很不科学，却简单而好用。当管理者的，只要打断下属的报告，或者故意说出相反的话，便可以八九不离十地判断得相当正确。管理者打断下属的报告，下属就不再找机会报告，管理者马上知道刚才下属的话，并非要紧的，幸亏没有让他继续说下去，否则不知道还要浪费多少时间；管理者说出相反的话，下属立即改变自己的主意，不敢坚持，管理者也就明白下属对自己的情报或主张，没有什么把握。

可惜这一套简明有效的检验方式，被认为是落伍的手法，逐渐没落了。有些下属，已经不了解管理者的心意，认为管理者不讲理，也将这种作风当作农业社会的一种毛病。

愈来愈多的年轻人看不懂这种方式，有意无意地加以曲解，并沾沾自喜，委实可怜！

但是，管理者的心意如果不能为下属理解，或者管理者本身行而不知，也说不出何以如此的道理，那么再好的方式亦将失去效能，难以达成预期的效果。

管理者有办法让下属明白这一套简明的运作方式，当然最好。若是两情不通，彼此很难建立良好的默契，那就只好退而求其次，用组织来控制。

理论上，组织会颁布许多规则，利用反馈系统来控制，检查所定的规则是不是切实被遵守，而整个反馈系统也会依照预期运行。有些迷信“游戏规则”的人，的确作如是想，说起来有点天真。因为效果往往不如预期，常常令人失望。

就算规则制定得相当理想，反馈系统也建立得十分严密，实际的情况，却偏偏不按预期运行。在管理上，控制向来不可能绝对地收到成效，因为执行的“人”往往不加以确切的配合。

组织的好处，在便于分工。制定一套阶层制度，要求分层负责，并且彼此互通有用的情报。然而，我们的难题就出在管理者对很多领域不见得专精，那又如何了解各部门提供的情报？又如何进行正确的判断？

再说，情报可以看成串联的信号，而且新的信号不断产生，管理者固然应该努力学习接收信号，但是更重要的，仍然在判断信号的正确性，以避免事必躬亲。

有人建议干脆用询问的方式，其实这是行不通的。管理者问主管："你的情报是正确的吗？"相信主管必定不假思索地回答："正确。"心中却又甚不愉快："管理者居然不相信我。"接着可能会想："话已经说出口了，无论如何要把它弄成真的，要维护自己在管理者面前的信用。"于是串通作假，这对管理者有什么好处？

控制是对的，但是人的因素仍然十分重要。游戏规则定好之后，如果没有够水准的裁判，游戏规则就可能成为虚文而收不到效果。有没有够水准的裁判，根本在人。急急摆脱人而归于"法"，原本就是一厢情愿的念头。管理者希望不必事必躬亲，便应该用心训练一批有默契、能体察己心的主管，否则完全诉诸控制，不一定可靠。

不要纵容亲信

亲信的必要性

管理者的事业，如果愈做愈大，囿于“管理幅度”的限制，不可能样样亲自管。这时候，适当地委托别人来协助自己管理，应该是顺理成章的做法。然而，委托什么样的人？冠冕堂皇的答案可能是“有能力的人”，内心却甚感犹豫，“他靠得住吗？”

在“有能力”和“靠得住”之间，我们应该建立一套选择的标准：第一选择，有德有才；第二选择，有德无才；第三选择，无德无才；第四选择，无德有才。

同样“有德”，“有才”优于“无才”。若是不幸“无德”，“无才”就比“有才”更为优先，因为“无才”破坏力比较小。中国人的这种观点，值得管理者用心体会，换句话说：“可靠比有能力更要紧。”

管理者当然要用有能力的人，但是有能力的人未必个个靠得住，这是管理者的烦恼。有人说：“把制度建立好，就不用怕。”这种轻松的话，当作参考无所谓，一旦认真执行，恐怕会后悔莫及。

事业做大了，自己管不了所有事，摆在面前的，似乎只有一条路：“建立班底”，形成“心腹知己（亲信）的管理”。其实全世界都如此，没有什么值得害怕的。

“班底”听起来很可怕，帮起忙来却相当可爱。心腹知己看起来十分可靠，万一造反，往往更加恐怖。管理者要了解“水能载舟，亦能覆舟”的道理，妥善建立“班底”，合理对待亲信，才能够趋吉避凶。

管理者要“自然”建立班底，丝毫不可以勉强。凡是抱着“同乡”“同宗”“同门”“同学”“同好”“过去老同事”等强调“同”字的条件，来物色亲信的，结果多半为“同”所害，不可不尤为戒慎。

从工作中培养亲信

最好的办法，是抛弃“同”字。不管他是不是同乡，是不是同宗，反正在一起就是“有缘”，而一切感情，要以真诚来培养。只要“同心协力”，其他条件，并非十分重要。如果一定要讲求“同”字，那么“同心”最为可贵。

经营管理的主要过程，离不开工作。在工作中互相了解，彼此沟通；在共识中培养情谊，以求心有所同。管理者在工作中考验下属，下属在工作中经得起考验，于是两者的距离愈来愈缩短，彼此的心愈来愈接近。这样建立起来的班底，才是真正靠得住的亲信。

“班底”有两种：一种是“私”的，为了管理者个人的权势而建立，甚至为了营私舞弊而勾结，不但害人，终究必定害己；另一种是“公”的，为了组织整体发展而建立，一切为达成组织目标而努力，不但可贵，而且十分可爱。

心腹知己是免不了的，但其必须是良好的工作伙伴，可以放心地把责任委托给他。既然是工作得力的主管，进一步发展为亲信，就没有什么不合适的。

避免滋生亲信弊病

亲信指管理者所亲近、信任的人。一方面赏识他的工作能力，另一方面相信他的品德修养，因而视同自己的家人，既亲近又信任。有些话不便对别人说的，可以对他说；有些不敢交代别人做的事，可以让他去做。

遗憾的是，有些亲信起初兢兢业业，谨言慎行，慢慢会狐假虎威，甚至欺上瞒下，搞得组织乌烟瘴气。亲信弄权，大家敢怒不敢言，原本好好的局面，常常被搅得一塌糊涂。

管理者一方面要信任亲信，一方面又不可以纵容亲信，唯有如此，才算是善待亲信，发挥亲信的优点，尽量避免弊病的滋生。

不纵容亲信，大家才会信服；亲信不被纵容，也不致“拿着鸡毛当令箭”，胡作非为。在责任范围内，亲信表现得有为有守，管理者自然安心。

对待亲信的三大原则

管理者要合理对待亲信，必须掌握下述三大原则：

第一，表明“所爱者，有罪必罚”的态度与确实做到的决心。

管理者平日和亲信在一起，要凭着自己的见解，用诚恳的态度、婉转的语气，在说明或讨论中，使亲信对自己的主张有彻底的了解。这时候，管理者不妨有意无意地叙述《三国演义》“诸葛亮挥泪斩马谡”的故事，来说明自己信赏必罚的观念。

马谡是诸葛亮好友马良的弟弟，诸葛亮派他守街亭，一再指示他要固守。年轻好胜的马谡则在山上设阵，企图击败魏军，想不到反被魏军包围，以致街亭失守，牵动全局，使蜀军不得不退到汉中。诸葛亮追究战败责任，把马谡依军法判处死罪。将领们纷纷求情，诸葛亮固然于心不忍，却挥泪将马谡问斩。

即使是亲信，也要有罪必罚。一方面让大家信服，另一方面对亲信也是一种约束。据以自律，彼此都有好处。

第二，要求“严守上下的分寸”。

亲信如果不能守分，就会滥用职权，收揽人心。如果到了目无法纪的地步，再来设法挽救，往往已经太迟。

管理者对亲信，也应该保持适当的距离，并且养成其独立人格；亲信对管理者，理应尊敬，凡事不可隐瞒。两者各有分寸，才不致“以上克下”或“以下克上”，终因利害冲突而离散，甚至“反目成仇”，严重影响事业的进展。

严守上下分寸，管理者保留自己对重大事项的最终裁决权，是维护亲信在既定范围内既不失责也不越权的根本办法。

第三，要用真诚的情来感化。

俗话说，姜太公钓鱼，愿者上钩。意思是管理者和亲信之间的关系，应该是一个愿打一个愿挨，毫不勉强。论语说“君子和而不同”，管理者和亲信要“和”，却未必皆“同”。“和”指“真情”，“同”为“利害”。凡事由“情”出发，拿“真心”来对待亲信，他们就会排除邪念，产生与管理者合一的意识，因而自我约束，不做逾越本分的事情。管理者不独占利益，却能与员工同享。亲信受到感动，自然也以“公天下”自重，不好意思弄权和见利忘义。

不要鼓励对立

对立会造成严重冲突

钱穆先生研究中国人的民族性，认为我们的民族性，是“和合”多过“分别”，亦即和合性大于分别性。中国人的脑子里，喜欢合，不喜欢分。

他指出：中国人认为，在同一政府下的君和臣，是应该和合的，不应该分别，社会民众亦应与政府亲切和合。君、臣、民三位，是不宜过分分别的。古代看君、臣、民，不如近代人这么有分别。有人批评中国历史自秦代以下，只有造反而没有革命。虽然中国人造反亦是不得已，但最好是不要造反。中国人妙在“不造反，也不革命，却依然有自己的主张和意见”，这也是一种合的表现。

中国人的看法，正如孔子所倡导的：你依我的条件，我就帮你忙；你不依我的条件，我就不帮你忙。所谓“合则留，不合则去”，便是中国人最好的“制衡”方式。

制衡可能有两种心态，一种“站在合的立场”，希望

“大家好”，属于“和合性”；另一种则是“站在分的立场”，希望“你死我活”，属于“分别性”。分别性的制衡，只知为反对而反对，根本就是“对立”的性质。

管理者的心腹，如果只有一人，意见很容易沟通，但很难听到相反的意见。因此建立班底，以求集思广益。但是这样一来，就不免产生分歧，管理者一不小心，就会造成主管之间的派系之争。中国人一旦形成派系，便会愈争愈烈，终于闹成对立，招致严重的冲突，甚至绝情地分裂。由合而分，派系的关系至关重要。

俗话说“合字不好写”，意思是有缘千里来相会，却未必容易百年好合。合伙很难，管理者与班底长期不闹翻也很难，必须把握“可以彼此制衡，却不致对立”的原则，绝不鼓励对立。

汲取历史的教训

春秋末期，田常担任齐国的相国。为了收揽民心，在征收租税的时候，用小升收粮，而在借粟给人民时，使用大升。他的声望日高，很受老百姓的欢迎。

但是，齐简公相当信任另外一位相国监止。田常一再动脑筋，都无法打动齐简公的心，将监止放逐。齐简公固然有自己的主意，却未能适当劝阻田常，以致田常与监止愈闹愈激烈，终成对立。监止十分讨厌田常，有意将他铲除。不料田常先下手为强，不但杀死监止，连的齐简公都被田常弑杀。

有些管理者喜欢让主管们互相制衡，以求放心，当然不无道理。不过，制衡到对立的地步，就会不择手段，甚至连管理者都会受到牵累，实在不能不预先加以防范。

钱穆先生指出：朋友相交，要讲义气。我的生命就是你的，我同你不和合，你杀我都可以，好像是一种反抗性的，但在他的心底深处，还是和合性的。

孟子和孔子一样，走到这里，这里不用他，走到那里，那里也不用他。不是执政者不看重他们，也不是执政者不想用他们，而是他们由于与执政者意见不合，不为人所用，自己离开了。

管理者以和合性来统领下属，也要鼓励下属讲义气，大家可以有意见，却不应该闹意见。换句话说，管理者为了达成组织的和合性，就有责任确保“主管们站在和合的立场来彼此抗争”，而不是“为排除对方而对立”。

现代西风东渐，好像不抗争就没有生气，弄到大家不敢做事，也无心做事，难道这才是真正的进步？

楚汉相争，不如三国鼎立，中国人不适合两个派系势均力敌，比较适合多派系吵吵闹闹。前者很容易陷入对立，造成你死我活的僵局；后者反正吵来吵去，谁也不会把谁怎么样，对管理者主持大局，反而较为有利。

及时培养第三势力

若管理者发觉主管逐渐形成两派对立的局面，应警觉并及早培养第三势力，使对立的情况产生一些变化，至少不会那么紧张，影响到工作的进行。

话说回来，派系纷争必然造成混乱，对于管理者有害无利。管理者倡导以和为贵，不许主管各自树立派系，这才是管理的正道。我们这里所讨论的，是防不胜防，让主管有机可乘，或者劝阻不果，仍然彼此对立的时候，只好出此下策，以资对应。

换一个角度，劳工意识抬头，各公司纷纷设置工会。若是与资方互相制衡，一切合理解决，管理者就要面对现实，顺应潮流，主动协调。如果双方渐见对立，这时管理者便应该及早图谋，预先想好对策。

高压政策已经十分落伍，最好不予考虑。因为一旦诉诸压力，彼此形同敌人，只会增加劳工的不满，不可能消减他们的怒气。管理者必须明白“众怒难犯”的道理，尽可能不要求助于警察。否则外力介入，更容易引起内部的不安，反而不好。

那么，培养第三势力，以求合理中介，应该是良好的方式。劳资双方僵持不下，中介人士从中斡旋，往往可以达成协议。但是，外界的中介人士很容易借机作秀，甚至图谋私利，把原本单纯的事件弄得格外复杂。结果，劳资双方均蒙受其害，这种实例很多，值得我们警惕。外人毕竟是外人，没有切实的利害关系。成就成，不成也不要紧。这种不负责任的态度，经常造成相当不利的后果。

最好的中介人士，反而是自己公司内的中坚干部。他们平日在公司负一部分实际责任，对公司状况十分了解，和管理者、员工都有往来，相当熟悉，加上自己也在为公司服务，对公司整体利益必然关心。在这种情况下，作为劳资双方的媒介，应该非常合适。然而，如果管理者没有及早培养“中坚干部”这一支“管理者”和“员工”之外的“第三势力”，临时让他们担任中介人士，恐怕员工不会乐于接受，大家很可能怀疑中坚干部代表资方来压制他们，根本不予理会，那就徒劳无功了。

管理者平日用心培养中坚干部，使员工对中坚干部深具信心，可以化解劳资双方的对立。但是，最重要的，还是管理者的理念，必须以“可以制衡，不能对立”为最高原则，绝不容许对立，以免危害公司的生存与发展。

不要迫害功臣

有人喜欢过河拆桥

汉高祖刘邦在击败西楚霸王项羽即帝位的第二年，假借游历云梦泽的名义，把诸侯召集到楚国边境，目的在捕拿功臣及封王的韩信。他将韩信押到洛阳，削去王位，贬为淮阴侯，以致韩信果真谋反被杀，株连三族。刘邦这种举动，引起诸侯的不安，以后不断地发生叛乱事件。

早在春秋末期，越王勾践消灭吴国，功成之日，大夫范蠡立即引退，因为他知道越王只能共患难而不能共享乐。同时他还劝告另一位臣子文仲说："蜚鸟尽，良弓藏；狡兔死，走狗烹。"文仲收到范蠡的信，立即假装患病，请求免职，但还是被勾践下令逮捕，以叛乱罪名处死，应了"鸟尽弓藏"的警语。

太史公评论韩信说：假如韩信学一些道家的谦让之道，不夸耀自己的功劳，不炫耀自己的才能，那么他对汉家的功勋，真可上比周公、召公、姜太公等，其子子孙孙，都可以一直享受殊荣，获得祭祀。可惜韩信不朝这方面努力，却在天下大局已定，才来阴谋叛逆，最终全家被杀，不也真是罪有应得吗？

曾经和若干管理者闲谈，也都觉得汉高祖非杀韩信不可。马基雅维利认为“首长的恩怨与个人恩怨不同”，刘邦以巩固新朝代为第一要务，不择手段地屠杀功臣，可以解释为“居于国家安危”，不得不出此下策。

至于勾践，依据范蠡写给文仲的信函，说是“越王这个人的长相，脖子很长，嘴角尖得像乌鸦。这种人只可以共患难，不能够共享安乐”。有些管理者照镜子看看自己的相貌，并没有这些特征，便放心地说：“勾践是天生要杀功臣的性格，看来也没有办法避免！”

其实，不论是后天的使命还是先天的性格，杀功臣毕竟不是好事情。老子说：“大自然无所偏爱，将万物都当作刍狗；圣人也无所偏爱，把老百姓都看成刍狗。”刍狗是祭神时用草扎成的狗，祭祀完毕就丢掉了。但管理者不能把功臣当成刍狗，大功告成之后，便任意加以迫害。

最好预先化解矛盾

凡是功臣，和管理者之间免不了存有若干矛盾。例如韩信，曾经在闲谈的时候，和刘邦讨论到将领们的本领各有不同。刘邦问："以我的才能能带多少兵？"韩信回答："陛下最多不超过十万人！"刘邦又问："那么，你呢？"韩信仍然不知警觉，说："臣是兵愈多愈好。"刘邦答着说："既然是愈多愈好，为什么还会被我捉住呢？"

韩信心知不妙，赶快辩解说："陛下您不善于带兵，但却长于用将。这种才能是天生的，不是人力做得到的。"可惜已经种下矛盾的因，当刘邦心中的不愉快累积到相当程度时，便像火山一样爆发了。

韩信的朋友蒯通最先警觉到这种矛盾，劝告他说："从情势上看，您这个臣子有使君主感到压迫的威势，我真为您感到不安。"韩信缺乏警觉，最终引发了被杀的悲剧。说起来刘邦固然气量太小，韩信的警觉性也实在太低了。

那么，身为管理者的刘邦，难道没有其他办法吗？刘邦如果能够冷静一些，不要操之过急，首先借故削去韩信的兵权，给他崇高的地位加以笼络，然后用好酒、佳肴、美女逐渐消磨他的志气，韩信就算真的想造反，恐怕也将无能为力，又有什么好害怕的呢？

管理者对于某些“功高震主”的功臣，难免会又怕又恨。能够放宽度量，当然最好。实际上与其耿耿于怀，不如设法化解矛盾，促使功臣自己反省，彼此各让一步，长久合作，对大家都有好处。

“杀”功臣的后遗症相当可怕

刘邦的举动，固然令人同情。但是他的残酷少恩，也为他带来十分严重的后遗症。韩信被杀之后，紧接着梁王彭越谋反，淮南王黥布也告叛变。刘邦亲征黥布时，被流矢射中，以致当不到七八年皇帝，就一命呜呼了。管理者迫害功臣，至少有以下五点害处：

第一，使其他主管心寒，纷纷设法自保。

管理者“杀”功臣，当然可以找到许多正当的理由，而主管表面上也会赞成，甚至协助管理者去“杀害”同僚。但是，内心毕竟是会害怕的，唯恐有一天会轮到自己头上，因此小心翼翼，处处顾忌，对组织的正常发展产生很大的阻碍。

第二，使人才望而却步，不敢前来共事。

管理者“杀”功臣，会传扬出去，同业之间更会添油加醋，说得恐怖万分。原本有意前来投奔的人才，打听之下，赶忙掉头他去。而且一传十、十传百，整个组织形象都被破坏掉了。人才不敢来，组织的前途必然黯然无光。

第三，小人会趁机兴风作浪，把管理者弄得失去理智。

小人一向唯恐天下不乱，如今眼见管理者迫害功臣，自然不会放弃机会，趁机制造矛盾，使管理者疑神疑鬼，无法专心做事，甚至会为小人包围。除去功臣，招来更可怕的奸臣，今后的日子势必更加动荡不安，大家难过。

第四，人人自危，终究会造成管理者众叛亲离的困境。

刘邦崩逝之后，经过四天，吕后始终不发布丧事消息，只和谋臣暗中盘算，计谋杀尽将帅们，幸亏有人劝阻，才没有酿成大祸。但是刘邦一生劳碌，弄得众叛亲离，哪里还有他当年“安得猛士兮守四方”的壮志？

第五，失去人心，就会危及企业，难以生生不息。

企业希望永生，必须得人心，要有人才不断加入。若为了迫害功臣而失去人心，人才也不敢前来，生生不息就会变成“数年之间，宣告倒闭”。

现在是民主时代，管理者固然不能杀害功臣，但是迫害功臣的案例仍然不在少数。功臣自身当然有其应得之罪，但管理者也得不偿失。贤明的管理者，最好设法化解与功臣之间的矛盾，或者采用缓和的方式，以资调节。切忌横下心来，毫无顾虑地鲁莽从事，这样虽然很有气魄，却后患无穷。

不要冤枉好人

好人常常早死

楚怀王时，十分倚重官拜左徒的屈原。他学识渊博，记忆力特别好，知道的事物很多；又擅长辞令，对内发布政令，对外接待各国使节，都很得体。

同僚上官大夫，既嫉妒屈原的才华，又极力想争取楚怀王的宠信，常常抓住机会就毁谤屈原。楚怀王误信谣言，竟然怀疑屈原自夸其功，心中没有对楚怀王的敬畏，因而疏远屈原，许多事情不再交由屈原办理。

屈原备受冤枉，感到痛心，经常忧愁苦闷，把内心的感觉写成一篇《离骚》，表达自己遭遇忧愁的心思。楚顷襄王时期，他再次被放逐。

后秦军攻入郢都，绝望的屈原，最终抱着石头投入汨罗江，悲愤地结束了生命。自古以来，好人常常早死，实在令人惋惜。上官大夫陷害屈原，如果楚怀王不予采信，可能不致发生这种悲剧。可见管理者冤枉好人，要比同僚互相斗争更为可怕。因为管理者握有大权，可以决定一个人的去留、荣辱，甚至生死。

司马迁指出：任何君王，不论智或愚，贤或不肖，都希望能够找到忠臣和贤士来辅佐自己，把国家治理好。但是，亡国破家的事例却不断发生，而仁圣的君主和政治上轨道的国家，则多少世代以来，极少出现。这究竟是什么原因呢？主要是君王所认为的忠臣实际上并不忠贞，他所认定的贤士实际上也不贤能。像楚怀王这样，分不清楚好人坏人，所以在内为郑袖所迷惑，在外又为张仪所欺骗。他疏远屈原，却信任上官大夫，以致军事挫败，领土被占领了六郡，自己也流落在外，死在秦国，为天下人所耻笑。

当管理者的，如果不能明辨忠奸，往往会冤枉好人。虽然说好人被冤枉，难免有其不是的地方，但等到管理者有一天清醒过来，已经悔之晚矣，难以挽回了。一个好人，除了表现良好，还应该有使自己活下去的本领。尤其是民主时代，本来就是“好人同坏人斗”，如果好人斗不过坏人，让坏人耀武扬威，到处作秀，毕竟也是好人的能力不足，有以致之。但是，当家做主的人，不能想办法让好人出头，却只能对坏人低头，显然也是没有尽到应负的责任。

妒忌之心相当普遍

管理者妒忌主管表现得好，因而有意无意冷落他，或者故意找他的麻烦，甚至借故找他的差错，这是管理者的修养问题，我们不便置评。孔子认为：一个人不必担心没有职位，要担心怎样才能够在职位上站好；一个人不必担心人家不知道自己，要先使自己有足以使人知道的东西。这便是劝告我们不要害怕别人出人头地，而应该自己努力奋斗。特别是已经当了管理者，还有什么必要妒忌主管的表现呢？若是反过来想：主管表现得好，就能证明自己领导有方，同时也表示自己宽宏大量，岂非大家愉快？

但是，同僚之间，妒心喋喋，处处呈现着韩愈所描述"忌者畏人修"的情况，管理者就应该以"怠者不能修"来劝告那些故弄玄虚、毁谤同仁的人。让"不能修"的人肆意破坏"能修"的人，以达到"畏人修"的不正常需求，乃是管理者必须有效遏阻的行为。

《孟子 · 万章》记载万章问孟子："我听别人讲，孔子走到卫国的时候，曾经住在卫国一个专治无名疮毒怪病的外科医生家里。走到齐国的时候，就住在齐国一个宦官瘠环的家里。究竟有没有这回事？"孟子回答说："不，没有这回事，全是好事的人编造出来的。"谣言止于智者，完全在孟子的身上获得印证。

万章又问孟子：“我听别人说百里奚自己卖身给秦国养牲口的人，得到五张羊皮，就替他放牛。他想趁这个机会要求秦穆公起用他做官。这些话是真的吗？”孟子说：“不，不是真的，是好事的人捏造出来的。”

好事之徒，为什么这么喜欢造谣生事呢？

有些人由于妒忌，常常编造一些无中生有的故事来破坏别人声誉。孟子的启示，使我们提高警觉，不要随便听信旁人的话。尤其是管理者，更应该细心求证，尽量查明事实，做到既不冤枉好人，也不纵容坏人。

好人也要有好人的修养

前面提及的民主时代其实就是好人同坏人争的时代，好人如果争不过坏人，民主就会变质，变成坏人当权，好人倒霉。所以，好人为了胜过坏人，实际上也有一套生存的本领。管理者是好人，不轻易听信坏人，有时坏人也会转而把管理者当目标，加以攻击。管理者一方面要鼓励好人，应付坏人，另一方面自己也要加强这方面的修养。

好人对付坏人，首先要记取唐朝两位高僧寒山和拾得的对话。寒山问拾得："如果有人谤我，欺我，辱我，笑我，轻我，贱我，恶我，骗我，我该怎么办？"拾得告诉他说："最好的办法，就是忍他，让他，由他，避他，忍耐他，敬他，不要理他，再待几年你且看他。"

民主时代，做官的第一修养，说起来十分可笑，正是大家所嘲笑的"叫骂由他叫骂，好官我自为之"，要不然，就要活活被坏人气死。

《论语》记载曾子的话："虽然有充实的心得，自己觉得好像很空虚；有人冒犯他，他一点也不计较。"对付坏人，就是要有这种"大事化小，小事化无"的功夫。

（正文完）

后记

自古以来，当管理者就很不容易。恐怕要潜心自修好几世，累积许多阴德，才有机会、够资格。

但是，当管理者可能有两种完全不一样的结果，一为成事，一为败事。成事的管理者，把事业创立起来，然后宏图大展，还能够生生不息；败事的管理者，则刚好相反，把员工带坏，浪费人家宝贵的人生，而且危害社会大众，破坏社会秩序，还要祸及后代！若是要求赚钱、保持健康、留存好名声三方兼顾，那就更加困难。

面对21世纪经济环境的快速变化，企业目标模糊化，市场不明确，同时全球化与本土化产生矛盾，而信息化更使得组织成员不容易建立共识。在这种情况下，有些管理者虽然把事业经营得十分成功，但却把自己累坏了。失去健康，财富还有什么价值？

有些管理者注意保健，知道通过众人的帮忙，把事业做起来，却由于过度使用人力，成为大家所畏惧、咒骂的“甘蔗压榨机”，榨干了员工的血便将其丢弃。久而久之，失去了好名声。

某些名望甚佳的管理者，只会说不会做。在公开演讲中，声称自己如何如何，说完之后，赶紧交代主管不可以在外面泄底，因为实际上他并非真的如此。写成传记，也多半报喜不报忧，自己看着都觉得不好意思。

某些心地善良的管理者，常常被下属气得半死。马善被人骑，人善被人欺，好像真的是这样。

许多管理者为了事业而失去家庭的温暖、忽略子女的教育，或者缺乏知心朋友。无论哪一方面的损失，都可能造成无法弥补的遗憾。

许多管理者各方面都很成功，但是因为不了解“阶段性调整”的必要性，未能把握“彼一时也，此一时也”的差异，无法及时有所改变，以致一夜之间从成功的巅峰掉入痛苦的深渊。虽然说人生原本就有起伏，但是落差太大，毕竟非常不好受。

有一位管理者，当公司盛极而衰时，发现下班后偌大的公司，只剩下自己孤零零的一个人，感叹说：“从前不是这样的！”他显然不明白，初创时期大家下班不回家，聚在一起热烈讨论问题固然是好现象，而今老将们白发苍苍、牙齿松动，下班后希望回家安静下来，也是十分正常的现象。

管理者的观念不正确，有时会误人误己。有一位管理者对我说过：“做人有什么意思？在家骗妻儿，出门骗朋友；在公司骗员工，到外面骗客户。”如果真的是这样，当然很悲哀。

管理者的言行不检点，经常会害人害己。有一位管理者在晨会时放出狠话：“大家看我手中握的这一大沓求职信，你们最好认真一点。”结果有路可走的员工都离他而去，留下来一些走不掉的人，只好扮演讨好管理者的“奴才”角色，最后害死管理者自己。看来，管理者真的不好当。

主管可以常常去听课，美其名曰“充电”。管理者忙碌，无法去听课；有时候脸拉不下来，也不好意思去听。主管愈充电，电力愈强；管理者整天放电，久了电力更弱，形成企业界另一种“脑体倒挂”的怪现象。

更有一些老板，认为自己白手起家，已经是无师自通，哪里还需要学习？殊不知就是由于不学习、不看书、不听课，这才身处危地，随时有掉入深渊的危险而不自知。

对老板而言，开创固然重要，守成也十分要紧。无论创业还是守成，最好都能够立于不败之地。

好不容易当到管理者，却一下子败下来，还要苦苦地反败为胜，虽然勇气可嘉，但内心则是万分无奈。

管理者倡导“反败为胜”，简直和自己过不去。中国人善求“立于不败之地”，这才是真正的大道。我衷心希望，社会上有愈来愈多的好管理者，能够尽到自己的社会责任，为社会的和谐发展尽一份力。

写作本书的过程当中，受到父母、师长和朋友的鼓励，很多管理者也将宝贵的亲身经验传授给我，在此特为感谢。希望已经当管理者、将要当管理者，以及不想当管理者却想知道怎样才算是好管理者的朋友，能够喜爱本书，并且多多指教。

曾仕强

立于不败的本事

作者 _ 曾仕强

编辑 _ 杨越颖　装帧设计 _ 肖雯　主管 _ 陈亮
技术编辑 _ 顾逸飞　责任印制 _ 杨景依　出品人 _ 毛婷

营销 _ 魏洋 礼佳怡 成芸姣

鸣谢（排名不分先后）

潘毅 张晓意 何月婷 余雷

果麦
www.goldmye.com

以 微 小 的 力 量 推 动 文 明

图书在版编目（CIP）数据

立于不败的本事 / 曾仕强著. -- 2版. -- 北京 : 北京联合出版公司, 2025.9. -- ISBN 978-7-5596-8659-6

Ⅰ. F272-49

中国国家版本馆CIP数据核字第2025E6U253号

立于不败的本事

作　　者：曾仕强
出 品 人：赵红仕
责任编辑：李艳芬
封面设计：肖　雯

北京联合出版公司出版
（北京市西城区德外大街83号楼9层　100088）
文畅阁印刷有限公司　新华书店经销
字数62千字　880毫米×1230毫米　1/32　4印张
2025年9月第2版　2025年9月第1次印刷
ISBN 978-7-5596-8659-6
定价：35.00元
